W0244252

Doris Wolf, Rolf Merkle

Gefühle verstehen, Probleme bewältigen

Ein praktischer Ratgeber zur Bewältigung von Ängsten, Unsicherheiten, Minderwertigkeits- und Schuldgefühlen, Eifersucht, depressiven Verstimmungen …

Die Deutsche Bibliothek - CIP-Einheitsaufnahme

Wolf, Doris:
Gefühle verstehen, Probleme bewältigen : ein praktischer Ratgeber zur Bewältigung von Ängsten, Unsicherheiten, Minderwertigkeits- und Schuldgefühlen, Eifersucht, depressiven Verstimmungen ... / Doris Wolf ; Rolf Merkle. - 10. Aufl. - Mannheim : PAL, 1993
ISBN 3-923614-18-7
NE: Merkle, Rolf:

Autor und Verlag übernehmen für die in diesem Buch gemachten Angaben keine Gewähr.
Herstellung: C. Bockfeld
ISBN 3-923614-18-7

Inhaltsverzeichnis

Einleitung

Wenn es Ihnen wie den meisten Menschen geht, dann sind Sie davon überzeugt, daß Sie keinen Einfluß darauf haben, wie Sie sich fühlen. Sie machen entweder Ihre Vergangenheit (Eltern, Erzieher, usw.) dafür verantwortlich, wer und was Sie heute sind, oder Sie geben Ihren Mitmenschen oder Ihrer Lage die Schuld für Ihr Unglücklichsein.

Die Folge von all dem ist, daß Sie häufiger unglücklich sind, als Sie es möchten. Angst, Depression und andere negative Gefühle halten Sie davon ab, Ihre Fähigkeiten zu entfalten und Ihr Leben mehr zu genießen. Durch schlechte Angewohnheiten, wie übermäßiges Essen, Trinken oder Rauchen schaden Sie Ihrer Gesundheit und verkürzen Ihr Leben. All das kann jedoch der Vergangenheit angehören. Wir haben nämlich eine gute Nachricht für Sie.

Sie können lernen, die Fesseln Ihrer Vergangenheit abzuschütteln. Sie können lernen, sich so zu fühlen, wie Sie sich fühlen möchten.

Dieses Selbsthilfe-Programm zeigt Ihnen, wie Sie das erreichen können. Sie erfahren, wie Ihre Gefühle und die aller Menschen entstehen und wie Sie Ihr Leben mehr genießen können. Sie erfahren, wie Sie mit Hilfe der Methoden der Kognitiven Therapie Ihre Ängste, Hemmungen, Depressionen und anderen negativen Gefühle wirkungsvoll bekämpfen können. Sie finden in ihm eine Fülle konkreter Lösungsvorschläge, die Sie schon heute dazu verwenden können, um morgen Ihr Leben zu verändern.

Wie Sie am meisten von diesem Programm profitieren werden

Wenn Sie möglichst viel für die Lösung Ihrer Probleme aus diesem Programm entnehmen möchten, dann dürfen Sie dieses Buch nicht wie eine Unterhaltungslektüre behandeln. Warum betonen wir das?

Aus Erfahrung wissen wir, daß die meisten Menschen dazu neigen, jedes Buch so zu lesen, als handle es sich um einen Roman, nämlich möglichst schnell vom Anfang bis zum Ende. Diese Leseart ist für ein Selbsthilfe-Programm nicht geeignet, um daraus den größten Nutzen zu ziehen. Wir empfehlen Ihnen deshalb folgende Vorgehensweise für das Durcharbeiten dieses Programms.

1. Lesen Sie jedes Kapitel zunächst einmal im Schnelldurchlauf, um sich mit den Begriffen und dem Inhalt grob vertraut zu machen.

2. Danach lesen Sie es ein zweites Mal. Lesen Sie es nun aufmerksam und gewissenhaft. Halten Sie manchmal inne. Überdenken Sie das Gelesene. Unterstreichen Sie wichtige Gedanken, um sie rasch wiederzufinden.

3. Gehen Sie erst zum nächsten Kapitel über, wenn Sie das vorangegangene gründlich bearbeitet und die Aufgaben gemacht haben. Das trifft ganz besonders auf die Kapitel 1-3 zu.

4. Reservieren Sie sich täglich 30 Minuten, in denen Sie sich ungestört mit diesem Programm befassen können.

5. Wenden Sie das Gelesene in Ihrem Alltag unmittelbar nach dem Lesen an. Das Wissen um eine Sache alleine genügt nämlich nicht, um sie auch praktisch zu beherrschen. Sie haben schließlich auch nur Auto fahren gelernt, indem Sie sich nach einigen Stunden Theorie hinters Steuer gesetzt haben und gefahren sind.

Übung macht den Meister

Die häufigste Ursache dafür, daß Menschen keine Verbesserung ihres seelischen Wohlbefindens erreichen, ist, daß sie nicht oder nicht lange genug üben. Sie probieren eine Sache 1 oder 2 Mal aus, und haben sie nicht den erhofften Erfolg, geben sie rasch auf und sind enttäuscht.

Selbstveränderung braucht Zeit und Übung. Dieses Programm bringt Ihnen nicht sofort Erleichterung, wie Sie das vielleicht von Tabletten gewohnt sind. Dafür ist es aber auch nicht schädlich und setzt an den Ursachen Ihrer Probleme an, ganz im Gegensatz zu den meisten Medikamenten, die nur die Symptome lindern oder gar verdecken.

Es braucht seine Zeit, bis Sie eingefahrene Denk- und Gefühlsgewohnheiten abgelegt und durch andere ersetzt haben. Haben Sie also Geduld mit sich. Schließlich haben Sie das Autofahren oder das Einmaleins auch nicht von heute auf morgen erlernt.

Kann man sich überhaupt selbst helfen?

Ja. Selbsthilfe ist im Grunde genommen nichts Neues für Sie. Sie helfen sich schon fast Ihr ganzes Leben lang, indem Sie beispielsweise Tabletten nehmen, wenn Sie Kopfschmerzen haben, den Reifen Ihres Wagens wechseln, wenn er defekt ist, usw. Bei solch alltäglichen Dingen sind es die meisten Menschen gewohnt, selbst Hand anzulegen und sich zu helfen. Nur wenn es um Gefühle geht, zweifeln viele, ob es möglich ist, sich selbst zu helfen. Das kommt daher, weil die meisten Menschen ihre Gefühle als etwas sehr Kompliziertes und Unbeeinflußbares erleben.

Sie werden beim Lesen dieses Buches jedoch zwei sehr angenehme Erfahrungen machen:

1. Es ist viel einfacher, seine Gefühle zu verstehen und zu beeinflussen, als Sie es für möglich gehalten haben.

2. Wenn Sie die Techniken und Hilfestellungen dieses Buches kennen, können Sie sie sofort auf sich anwenden. Ja, wir empfehlen Ihnen das sogar, da Sie auf diese Weise am raschesten Fortschritte machen.

Vielleicht haben Sie am Ende dieses Buches den Wunsch, mehr über die Möglichkeiten der Kognitiven Therapie zu erfahren. Vielleicht fällt es Ihnen auch leichter, sich mit Hilfe eines Therapeuten zu ändern. Für diese Fälle haben wir für Sie am Ende dieses Buches eine Liste von kompetenten Psychotherapeuten angeführt, an die Sie sich vertrauensvoll wenden können. Diese Psychotherapeuten arbeiten nach den Methoden der Kognitiven Therapie, wie wir sie Ihnen in diesem Buch vorstellen.

Gedanken, die Sie davon abhalten könnten, sich zu ändern

Sie wissen: Bei allem, was man tut, kommt es auf die Einstellung an, mit der man sich an die Arbeit macht. Das ist nicht anders, wenn Sie sich selbst zu mehr Glück und Zufriedenheit verhelfen wollen. Im folgenden wollen wir deshalb vier der am weitesten verbreiteten Einstellungen diskutieren, durch die es sich viele Menschen schwer machen, sich zu ändern.

1. Es ist ganz normal, deprimiert und unglücklich zu sein.
Es ist an der Zeit, daß jemand aufsteht und fragt: „Wer sagt, daß mein Leben so miserabel sein muß?". Es ist nämlich keineswegs natürlich, depressiv und unglücklich zu sein. Es ist lediglich neurotisch. Natürlich ist der Zustand des Glücks und der Gesundheit.

Als Kinder waren wir spontan, lebendig und ohne Angst und Sorgen. Wir haben neugierig alles untersucht, haben vorurteilslos neue Dinge ausprobiert, ohne uns im vorhinein die Freude daran zu nehmen. Durch unsere Erziehung und unsere Umwelt haben wir gelernt, uns neurotisch zu verhalten. Wir müssen das jedoch nicht sein. Wir können lernen, zufrieden und glücklich zu sein, wenn wir aufhören, es als normal anzusehen, daß wir unglücklich sind.

2. Sich zu ändern, ist kompliziert und schwer.
Es ist nur schwer, wenn wir es für schwer halten. Wir können uns von jetzt auf nachher dafür entscheiden, uns nicht mehr durch das Verhalten eines anderen Menschen den Tag vermiesen zu lassen. Wir können uns unser ganzes Leben lang einreden, daß es zu schwer ist, nicht mehr an Fingernägeln zu kauen. Oder wir können jetzt, in diesem Moment und im nächsten Moment damit aufhören. Selbst wenn wir all die "tiefen und verborgenen psychologischen Ursachen" kennen, warum wir an den Nägeln kauen, werden wir immer noch unsere Finger aus dem Mund lassen müssen, wenn wir damit aufhören wollen.

Wenn wir anderen, beispielsweise dem Therapeuten glauben, daß es schwierig ist, sich zu ändern, dann dürfen wir uns nicht wundern, wenn wir jahrelang eine kostspielige Therapie machen. Es ist unsere Entscheidung.

3. Es dauert lange, bis man sich ändert.
Wenn wir davon überzeugt sind, dann wird es lange dauern. Es gibt jedoch Menschen, die sich dafür entschieden haben, sich nicht mehr zu ärgern, und es ohne lange Therapie taten. Eine Frau, die vor einiger Zeit zu uns in Therapie kam, litt seit einem halben Jahr jedes Wochenende von Freitag- bis Sonntagabend an starken Kopfschmerzen und Übelkeit. Sie war dadurch nicht in der Lage, ihrer Arbeit nachzugehen und ihr Wochenende zu genießen. Sie kam nur eine Stunde zu uns und dann beschloß sie, sich nicht länger mehr die Wochenenden zu verderben, nur weil ihr Mann sie vor 6 Monaten verlassen hatte. Fortan ging es ihr gut.

Nicht immer ändern sich Menschen in so kurzer Zeit. Wir möchten Ihnen lediglich zeigen, daß die Einstellung, es dauere lange, bis man sich ändert, nicht immer zutrifft.

4. Sie können sich nicht alleine ändern.
Seien Sie mißtrauisch, wenn Menschen Sie davon überzeugen wollen, daß Sie Ihre Probleme nicht alleine lösen können. Sie sind für all Ihre Probleme verantwortlich, und nur Sie können sie aus der Welt schaffen. Ein manches Mal ist die Unterstützung eines Therapeuten sehr hilfreich, ja sogar notwendig. Lassen Sie sich jedoch nicht einreden: „Sie sind noch nicht soweit, um alleine weitermachen zu können". Wenn Sie der Meinung sind, daß Sie alleine, ohne Anleitung weitermachen können, dann tun Sie es. Bemerkungen dieser Art dienen oft nur dazu, Sie abhängig zu machen. Therapie ist keine Lebensaufgabe, und Sie sollten nur solche Therapeuten aufsuchen, die Sie ermutigen, selbständig und unabhängig zu werden.

Genauso, wie Sie sich entschieden haben, dieses Selbsthilfe-Programm in die Hand zu nehmen und die Einleitung zu lesen, können Sie entscheiden, sich hilfreichere Einstellungen und Verhaltensweisen anzueignen. Solange Sie keine Drogen nehmen und lernfähig sind, gibt es nichts, was Sie daran hindern kann. Es lohnt sich, sich diese Chance zu geben.

1
Sie fühlen, wie Sie denken

Von Kindesbeinen an lehrten Sie Ihre Eltern und die Gesellschaft, daß man sich sein Glück verdienen muß. Sie lernten, Ihre Zufriedenheit und Ihr seelisches Wohlbefinden von Äußerlichkeiten wie Geld, Erfolg und Aussehen abhängig zu machen.

Sie lernten, sich zu sorgen und zu ängstigen, ob andere Menschen Sie anerkennen und mögen. Sie lernten, sich schuldig zu fühlen, wenn Sie in den Augen der anderen etwas "Schlechtes" tun. Sie lernten, sich mit anderen zu vergleichen und zu messen. Schneiden Sie dabei schlecht ab, dann halten Sie sich für minderwertig oder gar für wertlos.

Sie lernten, daß es viel wichtiger ist, was andere von Ihnen denken, als was Sie von sich selbst denken. Sie lernten, sich zu verurteilen, wenn Sie gegen bestehende Normen und moralische Grundsätze verstoßen. Sie lernten, daß man seine Sache immer gut oder perfekt machen muß.

Sie lernten, daß Sie die Gefühle anderer verletzen können und daß andere Ihre Gefühle verletzen können. Sie lernten, daß Sie selbst wenig oder keinen Einfluß darauf haben, wie Sie sich fühlen.

Mit anderen Worten: Sie haben gelernt, Ihr seelisches Wohlbefinden von anderen Menschen oder den Umständen abhängig zu machen.

Entscheiden Sie sich, Sie haben die Wahl

Was aber, wenn all das, was Sie von Ihren Eltern und Erziehern über Glück und Zufriedenheit erfahren haben, gar nicht stimmt? Was würde es für Sie bedeuten, wenn sich Ihre Lehrer und Erzieher in diesem Punkt geirrt hätten? Was würde es bedeuten, wenn Sie es selbst in der Hand hätten, sich so zu fühlen, wie Sie möchten?

Es würde bedeuten, daß Sie nicht wie eine Marionette von anderen Menschen oder den Umständen dirigiert werden könnten. Es würde bedeuten, daß Sie nicht Sklave, sondern Herr Ihrer Gefühle sein könnten.

Es würde bedeuten, daß Sie die Entscheidung hätten, sich so zu fühlen, wie Sie möchten, unabhängig davon, was andere sagen oder tun. Es würde bedeuten, daß Sie Ihre Fähigkeiten entfalten könnten, anstatt sich in Ihrem Handeln durch Angst und andere negative Gefühle zu lähmen.

Es würde aber auch bedeuten, daß Sie Verantwortung für sich übernehmen müßten, weil Sie anderen oder den Umständen nicht mehr die Schuld für Ihr Unglücklichsein geben könnten.

Wenn Sie nun die Wahl hätten zwischen einem Leben voller Abhängigkeit und einem Leben in Freiheit, wofür würden Sie sich entscheiden? Wenn Sie die Wahl hätten, ein Leben voller Angst, Sorgen, Ärger, Schuldgefühlen und Depressionen gegen ein Leben mit mehr Freude, Zufriedenheit und Ausgeglichenheit einzutauschen, wofür würden Sie sich entscheiden?

Sie haben die Wahl. Sie können von Ihren unguten Gefühlen und selbstschädigenden Angewohnheiten Abschied nehmen. Das bedeutet aber, daß Sie umlernen müssen. Sie müssen einiges von dem, was Sie sich im Laufe Ihres Lebens angeeignet haben, wieder verlernen. Sie müssen sich von bestimmten Ansichten und Vorstellungen trennen, die Sie bisher für richtig hielten.

Mit einem Wort: Sie müssen lernen, umzudenken.

Sie fühlen, wie Sie denken

Als erstes müssen Sie damit aufhören, andere oder die Umstände für Ihre Gefühle verantwortlich zu machen, indem Sie sagen:

„Du machst mir Angst".
„Du machst mich traurig".
„Du machst mich ärgerlich".
„Das regt mich auf".
„Das hemmt mich".
„Das macht mich ganz verrückt".
„Das macht mich krank".
„Du verletzt mich".

Verantwortung für sich und seine Gefühle zu übernehmen bedeutet, daß Sie erkennen und akzeptieren, daß Sie es sind, der sich seine guten wie schlechten Gefühle macht. Es bedeutet, daß Sie sagen:

„Ich versetze mich in Angst".
„Ich mache mich traurig".
„Ich mache mich ärgerlich".
„Ich rege mich darüber auf".
„Ich hemme mich".
„Ich mache mich ganz verrückt".
„Ich mache mich krank".
„Ich verletze mich".

„Wie soll das vor sich gehen? Wie kann ich mich ängstlich, traurig oder ärgerlich machen?"

Sehr einfach. Es ist die Art und Weise, wie Sie von sich und anderen denken, die bestimmt, wie Sie sich fühlen.

Schon vor 2000 Jahren lehrten die Stoiker:
Nicht die Dinge beunruhigen die Menschen, sondern ihre Meinung über die Dinge. Wenn wir also auf Schwierigkeiten stoßen, in Unruhe und Kümmernis geraten, dann wollen wir die Schuld niemals auf einen anderen schieben, sondern nur auf uns selbst, das heißt auf unsere Meinung von den Dingen.

Anders ausgedrückt: Sie fühlen, wie Sie denken. Es ist immer Ihre ganz persönliche und subjektive Bewertung, die Sie einer Sache beimessen, die darüber entscheidet, wie Sie sich fühlen. Nur so ist es zu erklären, daß zwei Menschen ein und dieselbe Sache erleben und dennoch verschieden darauf reagieren.

„Ist das nicht Veranlagungssache, wie man reagiert?"

Nein. Wir werden nicht als ängstliche oder ärgerliche Menschen geboren. Wenn wir auf die Welt kommen, dann ist nicht festgelegt, ob wir einmal die Angewohnheit haben werden, uns beispielsweise häufig und stark zu ärgern. Das lernen wir in unserer Kindheit. Sicherlich ist es Ihnen schon einmal passiert, daß ein anderer völlig anders reagierte, als Sie es erwartet haben. Sie haben dann gedacht: „Ich verstehe nicht, wie man dabei so ruhig bleiben kann", oder umgekehrt: „Ich verstehe nicht, wie man sich über eine Bagatelle so aufregen kann". Sie wollen damit ausdrücken, daß Sie in einer solchen Situation völlig anders reagieren würden. Wie aber ist das möglich?

Die einzig richtige Erklärung ist: Der andere sieht die Situation anders als Sie. Für ihn ist die Angelegenheit eine Bagatelle oder eben keine Bagatelle, sondern von großer Bedeutung. Er denkt anders als Sie und kann sich deshalb anders fühlen und verhalten. Diesen Zusammenhang zwischen dem Denken und Fühlen bezeichnen wir als ABC der Gefühle.

Das ABC der Gefühle

Jedesmal, wenn Sie traurig, verärgert, froh oder ängstlich sind, haben Sie zuerst etwas *wahrgenommen.* Sie haben

A etwas gesehen, gehört oder haben sich an vergangene Ereignisse erinnert.

B Dann haben Sie Ihre Wahrnehmung mehr oder weniger bewußt als relativ positiv, neutral oder negativ *bewertet*

C und sind als Folge davon traurig, verärgert, ängstlich, froh, usw.

Negative Gedanken führen zu *negativen* Gefühlen.
Positive Gedanken führen zu *positiven* Gefühlen.
Neutrale Gedanken führen zu *neutralen* Gefühlen.

Es sind Ihre negativen Gedanken, die Sie deprimieren, ängstlich und ärgerlich machen, minderwertig und schuldig fühlen lassen.

Es sind Ihre positiven Gedanken, die Sie glücklich und froh machen, sich und andere Menschen lieben lassen, zufrieden machen.

Es sind Ihre neutralen Gedanken, die Sie ruhig und ausgeglichen machen, einen kühlen Kopf bewahren lassen.

Das ABC der Gefühle ist der Schlüssel zum Verständnis all Ihrer Gefühle und der Gefühle anderer Menschen.

Das ABC der Gefühle

A Situation: Was passiert?

B Bewertung als positiv, neutral oder negativ
Was bedeutet die Situation für mich?

C Gefühl und Verhalten
Wie fühle und verhalte ich mich?

Ein Beispiel

Nehmen wir an, Sie wären in letzter Zeit morgens ein paar Mal zu spät zur Arbeit gekommen. Eines Tages kommt nun Ihr Chef zu Ihnen und sagt: „Frau Müller, das ist heute das 4. Mal, daß Sie zu spät kommen. Ich dulde diese Schlamperei nicht. Sie haben, wie jeder andere auch, pünktlich zu sein, ob es Ihnen paßt oder nicht".

Wie würden Sie reagieren? Wären Sie verängstigt, würden Sie sich ärgern, wären Sie deprimiert oder würden Sie die Worte des Chefs kalt lassen? Wie Sie reagieren, hängt davon ab, wie Sie die Worte Ihres Chefs bewerten und welche Schlußfolgerungen Sie daraus ziehen. Ihr ABC der Gefühle könnte so aussehen:

A: Situation
Mein Chef kommt zu mir und sagt: „....."

B: Bewertung
Ich denke mir:
So ein blöder Hund! Ich mache meine Arbeit wie jeder andere auch. Wegen ein paar Minuten so ein Theater zu machen. Unmöglich!
(negative Bewertung)

C: Gefühl und Verhalten
bin verärgert, sage nichts.

Ihr ABC könnte auch so aussehen:

A: Situation
Mein Chef kommt zu mir und sagt: „ .....“

B: Bewertung
Ich denke mir:
Hoffentlich wirkt sich das nicht negativ aus. Wer weiß, vielleicht nimmt er das als Anlaß, um mich bei nächster Gelegenheit rauszuwerfen. Wie soll ich dann meine Familie ernähren? Wie stehe ich dann vor meiner Familie und den Bekannten da, wenn ich keine Arbeit habe?
(negative Bewertung)

C: Gefühl und Verhalten
Angst, versuche mich zu rechtfertigen oder mich zu entschuldigen.

Ihr ABC könnte aber auch so aussehen:

A: Situation
Mein Chef kommt zu mir und sagt: „.....“

B: Bewertung
Ich denke mir:
Der Chef hat heute mal wieder ganz schön schlechte Laune. Bestimmt ist wieder etwas schief gelaufen, und jetzt läßt er seinen Ärger an seinen Mitarbeitern aus. Na ja, er wird sich auch wieder abregen.
(Neutrale Bewertung)

C: Gefühl und Verhalten
bin ruhig, vergesse den Vorfall rasch.

Sie sehen: In ein und derselben Situation können Sie verschieden reagieren. Wie Sie sich fühlen und verhalten, hängt davon ab, wie Sie die Situation sehen und einschätzen.

„Also wenn mir so etwas passieren würde, dann könnte ich nicht ruhig bleiben. Ich bin nun mal ein ängstlicher Mensch. Daran wird sich wohl auch in Zukunft nichts ändern. Mein Vater war auch schon so."

Die Tatsache, daß Sie in bestimmten Situationen immer wieder auf eine negative Weise reagieren, besagt nur, daß Sie gelernt haben, so zu reagieren. Wenn Ihr Vater ein ängstlicher Mensch ist, dann haben Sie wahrscheinlich von ihm gelernt, ängstlich zu reagieren. Wenn Sie daran arbeiten, können Sie lernen, sich anders zu fühlen und zu verhalten. Voraussetzung hierfür ist jedoch, daß Sie lernen, in einer solchen Situation anders zu denken.

Tatsachen und Ereignisse sind im Hinblick auf Ihre Gefühle nicht so wichtig wie Ihre Einstellungen und Bewertungen. Auch was wir in diesem Buch schreiben, ist nicht so wichtig wie das, was Sie darüber denken. Was Sie über das Gelesene denken, entscheidet nicht nur darüber, wie Sie sich fühlen, es entscheidet auch darüber, wie Sie mit den Ratschlägen umgehen.

Was ging Ihnen beim Lesen dieses Kapitels durch den Kopf? Sagten Sie sich: „Wie kann man nur so einen Unsinn schreiben. Jedes Kind weiß doch, daß man an seine Gefühle nicht mit dem Verstand herangehen kann. Man muß seine Kindheitserlebnisse aufarbeiten, wenn man etwas verändern will". Wenn Sie so denken, dann sind Sie von diesem Buch enttäuscht, ja, vielleicht ärgern Sie sich auch maßlos, daß Sie dieses Buch gekauft haben, oder Sie ärgern sich über uns, daß wir einen solchen "Unsinn" schreiben. Und was werden Sie tun? Sie werden das Buch weglegen und es keines Blickes mehr würdigen. In diesem Fall hätten Sie sich gerade selbst bewiesen, daß Ihr Denken darüber entscheidet, wie Sie sich fühlen und verhalten.

„Ich kann doch nicht alles positiv oder durch eine rosarote Brille sehen."

Da haben Sie recht. Es wäre sicherlich nicht angemessen, jede

Situation positiv zu sehen. Es gibt Ereignisse, bei denen es durchaus angemessen ist, besorgt, traurig oder enttäuscht zu sein.

Es geht vielmehr darum, daß Sie wissen, daß Sie die Entscheidung darüber haben, wie Sie sich fühlen.

Wenn Sie sich dafür entscheiden: „Ich will mich ärgern" oder „Ich will meine Angst behalten", dann können und sollten Sie das auch. Und selbstverständlich haben Sie auch das Recht, dieses Buch für einen ausgemachten Blödsinn zu halten und es für schlecht zu befinden.

Nur, wenn Sie lernen möchten, sich in bestimmten Situationen anders zu fühlen und zu verhalten, wenn Sie bestimmte seelische Probleme überwinden möchten, dann können Sie heute damit beginnen, daran zu arbeiten.

„Dann bin ich ja nicht mehr ich selbst. Ich bin dann ein Roboter."

Wenn Sie sich dafür entscheiden, sich weniger zu ärgern oder zu ängstigen, dann sind Sie immer noch derselbe Mensch wie bisher. Der einzige Unterschied ist eine neue Gewohnheit, die Gewohnheit, sich weniger zu ängstigen und zu ärgern. Im Augenblick verhalten Sie sich wie ein Roboter. Wenn andere auf bestimmte Weise reagieren, dann läuft bei Ihnen automatisch, und ohne daß Sie es verhindern können, Ihr altes Angst- oder Ärgerprogramm ab. Sie haben keine Wahl, ob Sie ruhig oder erregt sein wollen. Sie müssen so reagieren, wie es Ihnen Ihr altes, in der Kindheit erlerntes Programm vorschreibt.

Selbst wenn wir es wollten, es würde uns niemals gelingen, aus Ihnen einen gefühlskalten Menschen zu machen. Sie werden immer die Fähigkeit behalten zu fühlen, solange Sie leben. Sie werden auch niemals zu einem hundertprozentig glücklichen Menschen werden, der nie mehr negative Gefühle verspürt. Solange wir leben, werden wir auch negative Gefühle verspüren. Wir können jedoch entscheiden, wie intensiv und wie lange wir sie verspüren möchten.

„Ist es nicht besser, die Umstände zu ändern, wenn es einem schlecht geht?"

Wenn es möglich ist, etwas an Ihrer Person oder den Lebensbedingungen anderer zu verändern, sodaß es Ihnen besser geht, dann können und sollen Sie das tun. Wenn Sie sich darüber ärgern, daß so viele Menschen verhungern, gefoltert oder ungerecht behandelt werden, dann sollen Sie sich selbstverständlich für eine Änderung engagieren.

Es geht nicht darum, daß Sie sich mit allem abfinden. Es gibt jedoch eine Menge Situationen, an denen können Sie entweder nichts, nur sehr wenig oder erst im Laufe der Zeit etwas ändern. Wenn Ihnen ein Autofahrer die Vorfahrt nimmt, können Sie das nicht ändern. Wenn Ihre Firma Sie aufgrund einer schlechten Ertragslage entläßt, können Sie nichts dagegen tun. Wenn Sie von Ihrem Chef kritisiert werden, können Sie seine Kritik nicht ungeschehen machen. Wenn Ihr Partner sich von Ihnen trennt, können Sie daran nichts ändern. In all diesen und vielen anderen Situationen bleiben Ihnen nur zwei Möglichkeiten: Sie müssen damit fertig werden oder Sie werden daran zerbrechen. Die Situation als solche können Sie nicht ungeschehen machen. In all diesen Fällen haben Sie die innerliche Entscheidung: „Will ich mich darüber ärgern, mich deprimiert machen, in Angst versetzen, oder will ich damit so umgehen (lernen), daß ich dadurch keinen seelischen Schaden nehme?"

Ein paar Informationen über unser Gehirn

Das Gehirn des Menschen ist ein kompliziertes System zur Verarbeitung, Weiterleitung und Speicherung von Informationen. Es ist mit einem Computer vergleichbar, der all das verarbeitet, was Sie ihm eingeben.

Was nur wenige Menschen wissen, ist, daß das Gehirn einen großen Einfluß auf unsere Gefühle hat. Ja, man kann sagen, daß Sie ohne Ihr Gehirn nicht in der Lage sind zu fühlen. Alles, was Sie durch Augen, Ohren und andere Sinnesorgane wahrnehmen, wird in Ihrem Gehirn unmittelbar und automatisch als positiv, negativ oder neutral bewertet. Jede Bewertung, von der Sie überzeugt sind, löst in Ihrem Körper eine positive, negative oder neutrale (Gefühls-) Reaktion aus.

Sehr wichtig ist hierbei der Nachsatz <von der Sie überzeugt sind>. Machen Sie einmal folgenden kleinen Test: Sagen Sie sich: „In meinem Zimmer liegt eine Bombe, die jeden Moment hochgeht". Haben Sie sich das gesagt?

Nun, wie fühlen Sie sich? Sind Sie beunruhigt oder verspüren Sie Angst? Wahrscheinlich nicht. Der Grund, warum Sie keine Angst verspüren, ist: Sie sind nicht davon überzeugt, daß sich in Ihrem Zimmer eine Bombe befindet. Richtig? Wir können also sagen: Ein Gedanke löst nur dann eine zu ihm passende Gefühlsreaktion aus, wenn Sie von seiner Richtigkeit überzeugt sind.

Gewöhnlich sind wir davon überzeugt, daß wir richtig denken, und kommen deshalb nicht auf die Idee, unsere Gedanken und Bewertungen in Frage zu stellen. Das genau aber müssen Sie tun, wenn Sie sich von Ihren unguten Gefühlen befreien wollen. Nur durch eine Änderung Ihrer negativen Gedanken und Einstellungen können Sie zufriedener und ausgeglichener leben. Schauen wir uns einmal an, warum Sie so denken, wie Sie denken.

Erfahrungen prägen unser Denken

Als Säugling und Kleinkind ist die Welt in unseren Augen eine Welt ohne Gefahren und Verbote. Wenn unsere Eltern es zulassen würden, dann würden wir beispielsweise mitten auf einer befahrenen Straße herumtollen, mit Kot spielen, Hundefutter essen, usw. Erst durch unsere Eltern und Erzieher lernen wir, die Welt und die Dinge in ihr als gefährlich, unanständig, gut oder schlecht anzusehen. Wir eignen uns Maßstäbe an, mit denen wir unser Verhalten und das der anderen beurteilen. Wir lernen, daß es schlimm ist, andere zu schlagen, zu beschimpfen, Fehler zu machen oder anderen etwas abzuschlagen. Wir lernen, daß es egoistisch ist, Wünsche zu äußern, daß es unmännlich ist, zu weinen, daß es wichtig ist, was die Nachbarn denken. Unsere Eltern vermitteln uns diese Maßstäbe und Regeln, indem sie uns durch Tadel, Ablehnung oder Schläge bestrafen, wenn wir uns nicht daran halten.

Die meisten Eltern reagieren dann so: „Du bist ein schlechter Junge. Ich mag dich nicht, wenn du so etwas tust. Schäme dich". Manche Eltern erziehen auch durch positive Äußerungen wie: „Die Mama hat dich lieb, wenn du ... tust". Häufige Erfahrungen dieser Art prägen unser Denken. Wir gelangen zu der Überzeugung: „Wenn ich etwas tue, das in den Augen der anderen schlecht ist, dann bin ich ein schlechter Mensch und muß mich dafür schämen und verurteilen". „Ich muß tun, was den anderen gefällt. Nur dann mögen sie mich".

Wir alle haben uns im Laufe unseres Lebens eine Unmenge solcher Einstellungen angeeignet. Als Kind konnten wir sie nicht auf ihre Richtigkeit hin überprüfen. Wir haben sie unkritisch und gutgläubig übernommen. Wir dachten, es habe schon seine Richtigkeit, wenn unsere Eltern uns beispielsweise als undankbar, schlecht oder dumm bezeichneten. Wir dachten, man könne uns nur mögen, wenn wir uns nach den Vorstellungen der Eltern verhalten. Wir dachten, es sei unverzichtbar, von den anderen gemocht zu werden. Als erwachsene Menschen haben wir jedoch die Fähigkeit, die Normen und Maßstäbe, die uns unsere Eltern in den besten Absichten mit auf den Weg gegeben haben, kritisch zu überdenken. Stellen wir fest, daß einige dieser Verhaltensregeln uns daran hindern, das Leben zu führen, das wir führen möchten, dann können wir uns ihrer entledigen. Wir können unsere Einstellungen zu uns, den Mitmenschen und den Dingen korrigieren, wenn sie uns eher behindern, als helfen, und wir können dadurch die Art und Weise ändern, wie wir uns fühlen und verhalten.

„Schön und gut. Aber es gibt Situationen, in denen ich mich einfach schlecht fühle, ohne daß ich etwas denke."

Sie haben recht. Es gibt Situationen, in denen man sich nicht bewußt ist, etwas gedacht zu haben. Man hat den Eindruck, die Gefühle kommen einfach so über einen.

Nun wissen Sie, daß Ihre Gefühle nur durch die Art Ihres Denkens entstehen. Wie können wir also erklären, daß wir uns manchmal schlecht fühlen, ohne uns scheinbar etwas gedacht zu haben?

Automatische Gedanken

Wenn Sie Autofahrer sind, dann denken Sie einmal an Ihre ersten Fahrstunden zurück. Damals haben Sie sich in Gedanken ganz bewußt

Anweisungen zum Autofahren gegeben. Sie sagten sich beispielsweise: „Jetzt muß ich kuppeln, jetzt den Gang einlegen, jetzt blinken, nach hinten schauen" usw.

Mit einiger Fahrpraxis waren Sie in der Lage, sich in Gedanken mit anderen Dingen zu beschäftigen. Sie konnten an die Arbeit, an zuhause oder an den nächsten Urlaub denken und brauchten mit Ihren Gedanken nicht mehr bewußt beim Autofahren zu sein.

Heißt das nun, daß Sie sich keine Anweisungen mehr geben? Nein. Das heißt nur, daß diese Anweisungen ganz automatisch, man könnte sagen, unbewußt ablaufen. Wir bezeichnen solche Gedanken als automatische Gedanken, da sie ohne Ihr bewußtes Zutun ablaufen.

Solche automatischen Gedanken haben einen großen Vorteil. Sie helfen Ihnen, blitzschnell zu reagieren. Denken Sie nur einmal daran, was passieren würde, wenn Sie als Autofahrer bei jedem Fußgänger, der plötzlich vor Ihrem Auto die Straße überqueren will, erst lange überlegen müßten, ob das eine gefährliche Situation ist. Die Zahl der Verkehrstoten würde sprunghaft ansteigen.

Automatische Gedanken helfen Ihnen, in einer Situation schnell und sicher zu reagieren. Sie sind auch im Spiel, wenn Sie von einem Moment zum anderen Angst bekommen, deprimiert sind oder vor Wut an die Decke gehen. Gedanken werden zu automatischen Gedanken, wenn man sie immer und immer wieder in Gedanken wiederholt.

„Aber wie kann ich wissen, was ich mir sage, wenn meine Gedanken unbewußt ablaufen?"

Das ist eine gute Frage. Die Antwort darauf ist: Wenn Sie es sich zur Gewohnheit machen, mehr auf Ihre Gedanken zu achten, dann wird es Ihnen bald gelingen, Ihre automatisch ablaufenden (unbewußten) Gedanken hervorzuholen.

Stellen Sie sich immer wieder Fragen wie: „Worüber bin ich so deprimiert, welche ärgerlichen Gedanken mache ich mir gerade? Was sage ich mir, um mich so schlecht zu fühlen? Was denke ich darüber?" Die Antworten auf diese Fragen sind Gedanken und Überzeugungen, die für Ihre negativen Gefühle verantwortlich sind.

Denken Sie immer daran: Es ist unmöglich, daß Sie einen seelischen Schmerz verspüren, ohne sich negative Gedanken zu machen. Sie allein sind dafür verantwortlich, wie Sie sich fühlen.

Lernhilfen

1. Wenn Sie sich dabei ertappen, daß Sie andere oder die Umstände dafür verantwortlich machen, wie Sie sich fühlen, dann korrigieren Sie sich sofort und sagen: „Ich mache mich ängstlich, ärgerlich, traurig, usw. Es sind meine Gedanken, mit denen ich mir das Leben schwermache".
   Sie werden sich viele Male korrigieren müssen, bis Sie Ihre Einstellung in diesem Punkt geändert haben. Die Angewohnheit, andere für Ihre Gefühle verantwortlich zu machen, ist so alt und fest eingefahren, daß Sie energisch dagegen angehen müssen.

2. Einer der besten Wege, um festzustellen, ob man etwas verstanden hat, ist, daß man es anderen erklärt. Nutzen Sie also jede Gelegenheit, um Ihren Bekannten und Freunden das ABC der Gefühle zu erklären. Sie werden dabei die Entdeckung machen, daß Sie dadurch mehr lernen als Ihre Bekannten, denen Sie all Ihr Wissen vermitteln wollen.

3. Machen Sie jetzt ein ABC der Gefühle von einer Situation, in der Sie sich schlechter fühlten, als Sie es wollten. Notieren Sie sich in kurzen Worten, was vorgefallen ist (A), die Gedanken, die Ihnen in dieser Situation durch den Kopf gingen (B), und wie Sie sich gefühlt und verhalten haben (C).

   A Situation

   B Meine Bewertung

   C Gefühle und Verhalten

2
Zwei Regeln für gesundes Denken

Gesundes Denken, was ist das?

Wir waren uns bisher einig, daß unser Denken bestimmt, wie wir uns fühlen und verhalten, und daß es deshalb sehr wichtig ist, möglichst hilfreiche und "gesunde" Einstellungen zu haben. Wie aber können wir erkennen, ob unsere Gedanken gesund oder schädlich sind?

Gesundes Denken hat 2 Erkennungsmerkmale:

a) Es beruht auf Tatsachen,
b) und es hilft Ihnen, sich so zu fühlen und zu verhalten, wie Sie möchten.

Wir bezeichnen diese beiden Erkennungsmerkmale als die 2 Regeln für gesundes Denken. Indem Sie mit diesen beiden Regeln Ihr Denken überprüfen, können Sie gesunde von negativen oder schädlichen Gedanken unterscheiden. Schauen wir uns die beiden Regeln einmal etwas genauer an.

a) Gesundes Denken beruht auf Tatsachen.
Es sind nicht die Dinge, die uns beunruhigen, sondern unsere Sicht der Dinge. Die Bedeutung, die Sie einer Sache beimessen, bestimmt, wie Sie sich fühlen. Es sind immer Ihre ganz persönlichen Ansichten über die Wirklichkeit, mit denen Sie sich in Schwierigkeiten bringen. Würden Sie die Dinge immer so sehen, wie sie sind, dann hätten Sie keine Probleme.

Schauen Sie einmal aus dem Fenster. Was für ein Wetter herrscht gerade? Regnet es, scheint die Sonne, ist es bewölkt? Wenn es regnet, denken Sie dann, daß heute ein schlechtes und mieses Wetter ist? Wenn die Sonne scheint, denken Sie dann, daß wir schönes Wetter haben?

Wenn Sie im Zusammenhang mit dem Wetter Worte wie "schön"

und "schlecht" verwenden, dann drücken Sie damit Ihre ganz persönliche Meinung oder Ansicht über das Wetter aus. Gleichgültig, ob die Sonne scheint oder ob es regnet, das Wetter ist weder schön noch schlecht, noch ist es deprimierend, wie viele Menschen denken. Das Wetter ist einfach da.

Wenn Sie einer Katze zusehen, wie sie erst einige Zeit mit der Maus spielt, um sie dann schließlich zu töten, und Sie sagen: „Die Katze treibt ein grausames Spiel", dann ist das keine Tatsache. Sie bewerten (empfinden) das Verhalten der Katze als grausam. Sie drücken damit lediglich Ihre Meinung über eine Tatsache aus. Die Katze tut nur etwas, was alle Katzen tun. Sie folgt einem Instinkt. Das Verhalten der Katze ist weder gut noch schlecht.

Wenn Sie sagen: „Das ist ein langweiliger Sonntag", dann drücken Sie damit Ihre Meinung über diesen Tag aus. Der Tag als solcher ist weder langweilig noch aufregend.

Wenn Sie von jemandem behaupten, er lege ein schlechtes Benehmen an den Tag, dann ist das Ihre Meinung. Sie haben eine bestimmte Vorstellung, was ein gutes und schlechtes Benehmen ist, und beurteilen danach das Verhalten der anderen. Ihre Vorstellung, was ein gutes und schlechtes Benehmen ist, ist jedoch Ihre ganz persönliche Ansicht, die Sie vielleicht von Ihren Eltern übernommen haben. Es mag sein, daß viele Menschen Ihre Meinung teilen, aber das ändert nichts daran, daß ein Benehmen im Grunde genommen weder gut noch schlecht ist.

„Was haben diese alltäglichen Situationen und Redewendungen mit meinen wahren Problemen zu tun?"

Die Antwort darauf ist: Immer dann, wenn Sie Gefühle verspüren, die Sie lähmen und daran hindern, so zu leben, wie Sie möchten, dann stimmen Ihre Ansichten nicht mit der Wirklichkeit überein. Sie sehen sich und die Dinge wie durch eine Brille, die die Wirklichkeit verzerrt.

So ging es auch Elvira, die wegen depressiver Verstimmungen in Therapie kam. Auf die Frage, worüber sie deprimiert sei, antwortete sie: „Ich tauge nichts. Ich bin abstoßend und häßlich. Alles in meinem Leben habe ich falsch gemacht. Ich bin ein Versager".

Im folgenden Therapieausschnitt unterhalte ich mich mit Elvira über diese Äußerungen. Mein Ziel ist es, Elvira zu zeigen, daß ihre Gedanken nicht mit den Tatsachen übereinstimmen.

T: Therapeut; K: Klient

T: Denkt Ihr Arbeitgeber auch, daß Sie nichts taugen?
K: Nein, mein Chef ist sogar recht zufrieden mit mir. Erst neulich hat er mich gelobt.
T: Und was denken Ihr Mann und die Kinder von Ihnen? Denken die auch, daß Sie nichts taugen und ein Versager sind?
K: Ich glaube nicht.
T: Glauben Sie es nur oder wissen Sie es?
K: Meine Kinder hängen sehr an mir. Ich verstehe mich eigentlich ganz gut mit ihnen.
T: Meinen Sie also, Ihr Mann und Ihre Kinder halten Sie auch für einen Versager?
K: Nein, sicher nicht.
T: Wie kommen Sie dann darauf, daß Sie nichts taugen und ein Versager sind? Ihr Chef ist mit Ihnen zufrieden, Ihre Familie hängt an Ihnen.
K: Ich bin einfach nicht so tüchtig wie andere. Ich vergleiche mich mit anderen Frauen und komme dabei schlecht weg.
T: In welchen Punkten genau schneiden Sie schlecht ab?
K: Ich kann meine Meinung nicht vertreten und kann mich nicht durchsetzen. Ich vergesse alles und kann mich nicht konzentrieren.
T: Es gibt Hunderttausende, die sich ebenfalls nicht durchsetzen können, Hemmungen haben, unsicher sind, ihre Meinung nicht vertreten können, usw. Halten Sie die auch für Versager und denken, daß sie nichts taugen?
K: Nein.
T: Ebensowenig trifft das auf Sie zu. Sie reden sich etwas ein, das nicht stimmt. Wenn Sie von sich behaupten, daß Sie ein Versager sind und nichts taugen, dann entspricht das einfach nicht den Tatsachen. Dasselbe trifft auch auf Ihre Worte zu: „Alles in meinem Leben habe ich falsch gemacht". Wenn Sie tatsächlich alles in Ihrem Leben falsch gemacht hätten, dann hätten Sie heute wohl kaum eine Familie und einen Beruf als Sekretärin. Sie sehen, auch hier übertreiben Sie gewaltig. Wie kommen Sie darauf, daß Sie abstoßend und häßlich

sind?

K: Ich bin so dick. (Die Patientin wog 65 kg bei 154 cm.)

T: Waren Sie schon immer so?

K: Ja, zumindest in den letzten 15 Jahren.

T: Was denkt Ihr Mann darüber? Findet er Sie auch zu dick und häßlich?

K: Nein, der sagt immer, daß er es ganz gern hat, wenn an einer Frau etwas dran ist. Er wird richtig wütend, wenn ich ab und zu meine Diät mache.

T: Sie sehen also: Wieder stehen Sie mit Ihrer Meinung, daß Sie häßlich sind, alleine da. Sie übertreiben auch hier gewaltig, wenn Sie so von sich denken. Nur weil Sie, medizinisch gesehen, nicht Ihr Idealgewicht haben, sind Sie deshalb noch lange nicht häßlich.

Aus diesem kurzen Therapiegespräch können Sie ersehen, daß Elviras Gedanken nicht mit den Tatsachen übereinstimmen. Die Worte, die Elvira gebraucht, um sich und ihr Leben zu beschreiben, entsprechen nicht der Wirklichkeit.

Der Unterschied zwischen Tatsache und persönlicher Meinung besteht darin, daß sich Tatsachen überprüfen lassen und Meinungen nicht.

Es gibt nicht eine einzige Meinung zu einer Sache sondern viele Meinungen. Jeder einzelne entscheidet, welcher er zustimmt und welche er ablehnt.

Wenn Sie Gefühle des Unglücklichseins, der Angst, der Verzweiflung und des Ärgers vermeiden oder überwinden wollen, dann müssen Sie Ihr Denken an den Tatsachen orientieren.

Stellen Sie sich immer dann, wenn Sie sich schlechter fühlen, als Sie möchten, die Frage: „Entspricht das, was ich mir gerade sage, den Tatsachen? Stimmt das wirklich oder ist das nur meine Meinung? Gibt es Beweise, daß es eine Tatsache ist?".

Elvira würde sich also fragen: „Entspricht es den Tatsachen, daß ich alles in meinem Leben falsch gemacht habe? Stimmt es, daß ich häßlich und abstoßend bin?".

Geben Sie sich darauf eine ehrliche Antwort. Können Sie die Frage mit „nein" beantworten, zeigt Ihnen das, daß Sie übertrieben haben. Sie haben die Sache dramatisiert und schlimmer gemacht, als sie in Wirklichkeit ist.

Menschen, die noch wenig Übung im kritischen Hinterfragen ihrer Gedanken haben, beantworten eine Frage wie: „Stimmt es, daß ich alles falsch mache", häufig mit „ja". Damit wollen sie ausdrücken, daß sie der Überzeugung sind und es so empfinden. Bei der Frage: „Entspricht der Gedanke den Tatsachen?" geht es jedoch gerade darum, zu überprüfen, ob die eigene Überzeugung mit der Wirklichkeit übereinstimmt. Es geht nicht darum, daß Sie sich so fühlen. Also aufgepaßt! Als Faustregel können Sie sich merken: Enthält ein Gedanke Worte wie: „immer, nie, alles", dann entspricht er in der Regel nicht den Tatsachen.

b) Gesundes Denken hilft Ihnen, sich so zu fühlen und zu verhalten, wie Sie möchten.

Der häufigste Grund, warum Menschen in eine Therapie gehen oder ihr Leben verändern wollen, ist der, daß sie sich nicht so fühlen, wie sie sich fühlen möchten.

Negative Gefühle sind wie körperliche Schmerzen ein Warnzeichen. Während körperliche Schmerzen Ihnen zeigen, daß in Ihrem Körper etwas nicht richtig funktioniert, sind negative Gefühle ein Hinweis darauf, daß mit Ihrem Denken etwas nicht stimmt. Es ist unmöglich, von sich so eine schlechte Meinung zu haben wie Elvira und sich dabei wohlzufühlen.

Wenn Sie sich für einen Versager halten oder sich als minderwertig ansehen, dann ist es vollkommen normal, daß Sie deprimiert sind. Wären Sie bei solch negativen Gedanken guter Dinge, dann wäre das ein sicherer Hinweis darauf, daß etwas nicht mit Ihrem Gehirn in Ordnung ist. Solange Sie sich bei solchen und anderen negativen Gedanken auch so schlecht fühlen, sind Sie völlig gesund und normal.

Negative Gedanken verhindern aber auch, daß Sie sich so verhalten können, wie Sie möchten. Sie führen dazu, daß Sie vielleicht „ja" sagen, obwohl Sie eigentlich „nein" sagen möchten, daß Sie nicht nach etwas fragen oder um etwas bitten, weil Sie befürchten, abgelehnt oder ausgelacht zu werden, daß Sie nicht tun, wozu Sie Lust haben, weil Sie befürchten, von anderen kritisiert zu werden, und daß Sie sich nicht durchsetzen können.

Wenn Sie sich besser fühlen wollen und mehr von dem tun möchten, was Sie für richtig und gut halten, dann müssen Sie Ihr Denken verändern. Stellen Sie sich die Frage: „Hilft mir der Gedanke, mich so zu fühlen und zu verhalten, wie ich möchte?". Ist die Antwort „nein", dann verbannen Sie diesen Gedanken aus Ihrem Kopf und ersetzen ihn durch einen eher positiven oder realistischen Gedanken.

Nun kennen Sie die beiden Regeln für gesundes oder realistisches Denken.

Die 2 Regeln für gesundes Denken lauten:

1. Gesundes Denken beruht auf Tatsachen.
2. Gesundes Denken hilft Ihnen, sich so zu fühlen und zu verhalten, wie Sie möchten.

Kennzeichen negativen Denkens

1. Negatives Denken beruht nicht auf Tatsachen sondern auf einer persönlichen Meinung.
2. Negatives Denken verursacht negative Gefühle und hindert Sie daran, sich so zu verhalten, wie Sie möchten.

Wie Sie Ihren negativen Gedanken zu Leibe rücken können

1. Machen Sie es sich zur Gewohnheit, Ihr Denken zu hinterfragen. Stellen Sie sich vor, Sie seien ein Anwalt, der nach den Beweisen für die Richtigkeit Ihrer Gedanken fragt.

2. Wenn Sie sich schlecht fühlen, dann finden Sie zuerst heraus, was Sie gerade denken: Fragen Sie sich dann: „Entspricht der Gedanke den Tatsachen?" „Hilft mir der Gedanke, mich so zu fühlen und zu verhalten, wie ich möchte?".

3. Können Sie eine oder beide Fragen mit „nein" beantworten, dann weigern Sie sich, weiterhin diesem Gedanken nachzugehen. Stoppen Sie ihn und setzen Sie an seine Stelle einen eher realistischen Gedanken, der Ihnen hilft, sich so zu fühlen, wie Sie möchten.

4. Negative Gedanken können sehr hartnäckig sein. Sie können nicht vermeiden, daß sie Ihnen von Zeit zu Zeit in den Kopf kommen. Sie können sich jedoch immer weigern, ihnen nachzugehen und ihnen Glauben zu schenken. Wenn Sie sich also dabei ertappen, daß einmal als negativ entlarvte Gedanken von Ihnen Besitz ergreifen wollen, dann sagen Sie sich ganz bewußt: „Es hilft mir nicht, wenn ich so denke. Damit schade ich mir nur". Setzen Sie dann diesen negativen Gedanken eher realistische oder hilfreiche Gedanken entgegen.

Wie solche realistischen oder hilfreichen Gedanken aussehen können, möchten wir an Hand von Elviras Gedanken zeigen. Nehmen wir uns also noch einmal Elviras Gedanken vor.

1. *Ich tauge nichts. Ich bin ein Versager.*
Wie wir bereits festgestellt haben, stimmen diese Gedanken nicht mit den Tatsachen überein. Auch helfen sie Elvira nicht, sich wohlzufühlen. Was könnte sich Elvira nun stattdessen sagen, was den Tatsachen entspricht und ihr hilft, sich gut zu fühlen?

Sie könnte sich sagen: „Ich bin ein Mensch, der, wie andere auch, seine Fehler und Schwächen hat. Ich habe aber auch meine guten Seiten. Wenn ich einen Fehler mache oder mich nicht so ausdrücken kann, wie ich es möchte, dann ist das schade. Deswegen bin ich noch lange kein Versager".

2. *Ich bin abstoßend und häßlich.*
Auch dieser Gedanke stimmt nicht mit den Tatsachen überein und hilft Elvira nicht, sich wohlzufühlen. Was könnte sie sich stattdessen sagen?

Sie könnte sich sagen: „Es gefällt mir nicht, daß ich ein paar Kilo mehr habe, als ich möchte. Deshalb bin ich aber noch lange nicht häßlich. Offensichtlich findet mich mein Mann nicht abstoßend. Ich kann mich akzeptieren, auch wenn ich nicht mein Traumgewicht habe."

3. *Alles in meinem Leben habe ich falsch gemacht.*
Wie wir gesehen haben, stimmt auch dieser Gedanke nicht mit den Tatsachen überein und hilft Elvira nicht, zufrieden zu sein. Was könnte sie sich stattdessen sagen?

Sie könnte sich sagen: „Ich habe, wie jeder Mensch, einige Fehler in meinem Leben gemacht. Einige Entscheidungen waren falsch und hatten negative Folgen. Andererseits habe ich aber auch viele Male richtig gehandelt. Ich tue mir unrecht, wenn ich nur meine Fehler sehe und meine Erfolge außer acht lasse."

Was Sie beim Umdenken beachten müssen

Wenn Sie Ihre negativen Gedanken durch eher hilfreiche oder realistische Gedanken ersetzen, werden Sie eine sehr verwirrende Erfahrung machen. Es wird Ihnen so vorkommen, als ob Sie sich etwas vormachen oder einreden. Es kommt Ihnen künstlich vor, sich beispielsweise zu sagen, Sie seien kein Versager, wo Sie sich doch so fühlen! Wie können Sie mit diesem Widerspruch umgehen?

Vielleicht waren Sie schon einmal mit Ihrem Wagen in England. Wenn ja, dann haben Sie dort eine ähnliche Erfahrung gemacht. Sie wußten ganz genau, daß es richtig ist, in England links zu fahren. Andererseits hatten Sie aber die erste Zeit so ein „dummes und ungutes" Gefühl, auf der falschen Straßenseite zu fahren. Sie waren es so lange gewohnt, rechts zu fahren, daß es Ihnen nun unnatürlich vorkam, gerade das Gegenteil davon zu tun. Die erste Zeit hatten Sie vermutlich ständig den Drang, rechts zu fahren, obwohl Ihnen Ihr Verstand sagte, daß es falsch wäre.

Wie haben Sie sich in dieser Situation verhalten? Sie haben auf Ihren Verstand gehört, der Ihnen sagte, daß man in England links fährt, und Sie haben Ihr ungutes Gefühl ignoriert. Je länger Sie in England Auto fuhren, umso sicherer wurden Sie. Mit der Zeit war es für Sie ganz normal, links zu fahren. Sie hatten umgelernt.

So ist es auch, wenn Sie Ihre eingefahrenen negativen Denkgewohnheiten ablegen wollen. Vom Verstand her wissen Sie, daß es Ihnen nicht hilft, wenn Sie sich etwas einreden, das nicht mit den Tatsachen übereinstimmt. Sie wissen, daß Sie sich damit nur schaden.

Andererseits haben Sie aber immer noch das ungute und negative Gefühl, das Ihnen zu sagen scheint, daß Sie allen Grund haben, ängstlich, deprimiert oder verärgert zu sein.

Genau wie in England kommt es nun darauf an, daß Sie sich an das halten, von dem Sie wissen, daß es stimmt, und daß Sie Ihr Gefühl ignorieren. Es ist lediglich ein Signal für Ihre alten negativen Gedanken. Ignorieren Sie es jedesmal, wenn es auftaucht, und verhalten Sie sich entsprechend Ihren neuen Gedanken.

Wenn Sie das oft genug und lange genug tun, dann werden Sie zu Ihrer neuen Art des Denkens auch das entsprechende gute Gefühl bekommen.

Ihre negativen Gefühle ändern sich zuallerletzt. Zuerst müssen Sie Ihre Art des Denkens ändern. Es ist normal, sich zunächst so vorzukommen, als ob man sich etwas vormacht oder schauspielert. Dieses Gefühl wird mit der Zeit verschwinden.

Wenn wir uns in einer Sache, sei es im Denken, Fühlen oder Verhalten, erst einmal eine Gewohnheit antrainiert haben, und wollen diese Gewohnheit nun verändern, so bleiben uns die folgenden 5 Phasen des Umlernens leider nicht erspart.

Die 5 Phasen des Umlernens

1. Theoretische Einsicht

In diese Phase gelangen wir sehr schnell. Wir wissen, warum wir uns schlecht fühlen oder unpassend verhalten, und wissen auch, wie wir anders denken müssen. Wir haben unser Denken hinterfragt und eine gesunde Einstellung erarbeitet.

Beispielsweise haben wir bisher bei jeder Einladung unserer Freundin ja gesagt, obwohl wir gerne einmal für uns alleine geblieben wären. Bisher hat uns der Gedanke davon abgehalten: „Wenn du absagst, ist sie verletzt und lädt dich nie mehr ein. Du wirst die Freundin verlieren, was furchtbar wäre". Wir haben diesen Gedankengang mit den zwei Regeln für gesundes Denken überprüft und ihn folgendermaßen korrigiert: „Ich habe das Recht, eine Einladung meiner besten Freundin abzulehnen, und kann es auch ertragen, wenn diese enttäuscht über die Absage ist. Sollte sie tatsächlich deshalb die Freundschaft beenden, so wäre das zwar schade, aber dann war die Freundschaft auch keine richtige. Zu einer Freundschaft gehört die Berücksichtigung der Bedürfnisse beider Personen. Ich kann neue Freundinnen finden".

2.
Übung

Nun müssen wir bei der nächsten Einladung der Freundin unsere Erkenntnis in die Tat umsetzen und ihr ohne lange ausschweifende Entschuldigung und Erklärung (damit sie es uns ja nicht krumm nimmt) absagen.

3.
Widerspruch zwischen Kopf und Bauch

Obwohl wir uns vom Kopf her klar darüber sind, daß es keine Katastrophe ist und die Freundin unsere Absage auch überleben wird, haben wir ein Gefühl, als ob wir unsere Freundin durch die Absage nahezu umbringen würden. Unser Gefühl sagt uns: „Das kannst du doch nicht tun. Du bist schuld, wenn sie gekränkt ist. Bestimmt wird sie dich nie mehr einladen", und unser Kopf sagt uns: „Du hast das Recht, abzusagen. Schade, wenn sie traurig ist. In einer guten Freundschaft müssen die Bedürfnisse beider Parteien berücksichtigt werden."

Es entsteht ein Kampf zwischen Kopf und Bauch. Einerseits ist der Kampf ein positives Zeichen. Er zeigt uns, daß wir auf dem Weg der Veränderung sind. Andererseits wäre es natürlich viel einfacher, der Bauch, d.h. unser Gefühl würde uns auch schon sein Einverständnis für unser neues Verhalten geben. Doch der Mensch ist so konstruiert, daß er, wenn er bereits etwas erlernt hat, bei der geringsten Abänderung seines Verhaltens durch sein Gefühl alarmiert wird.

Das alte Gefühl ist quasi wie eine Warnanlage, die uns noch einmal fragen will: Meinst du es ernst mit deiner Veränderung? Folgen wir dem alten Gefühl, werden wir uns niemals ändern. Wir können uns nur ändern, wenn wir das alte Gefühl zur Kenntnis nehmen und uns nach unserer neu erarbeiteten Einstellung verhalten. Gerade im Bereich der Angst wünschen sich viele unserer Klienten, daß erst die Angst verschwindet und dann das neue Verhalten ausgeführt wird. Doch leider funktioniert der Weg nicht so. Jeder einzelne muß mit der Angst so tun, als ob er schon keine Angst mehr hätte. Die Devise heißt: So tun, als ob das neue Gefühl schon da wäre.

4.
Übereinstimmung zwischen Kopf und Bauch

Nun ist die Schlacht schon beinahe gewonnen. Wir sind uns unserer neuen Gedanken noch bewußt, aber das Gefühl stimmt schon mit den Gedanken überein. Wir haben das Gefühl, „es richtig zu machen".

Wir können jetzt unserer Freundin absagen ohne schlechtes Gewissen.

5.
Neue Gewohnheit

Unser gesundes und hilfreiches Denken läuft automatisch ab. Wir haben eine neue Gewohnheit entwickelt. Wir haben das Gefühl, „uns schon immer so verhalten zu haben". Wir bezeichnen unser Verhalten als „normal".

Lernhilfen

1. Wenden Sie auf das ABC, das Sie in Kapitel 1 gemacht haben, die zwei Regeln für gesundes Denken an.

2. Stellen Sie fest, daß es sich um negative Gedanken handelt, dann formulieren Sie diese so um, daß sie mit den Tatsachen übereinstimmen und Ihnen helfen, sich so zu fühlen und zu verhalten, wie Sie möchten.

3
Nutzen Sie Ihre Vorstellungskraft

Wenn Sie die Anweisungen der vorangegangenen Kapitel befolgt haben, dann haben Sie bereits ein erstes ABC gemacht und darauf die beiden Regeln für gesundes Denken angewendet. Sie wissen nun, wie Sie in einer für Sie unangenehmen Situation anders denken, fühlen und handeln wollen. Sie sind nun quasi im Besitz eines geistigen Einsatzplanes, einer hilfreichen Alternative zu Ihren alten negativen Gedanken.

Diese Alternative ist Ihnen jedoch noch nicht in Fleisch und Blut übergegangen. Im Gegenteil: Ihre erste Reaktion ist Ihre alte Reaktion, nämlich, negativ zu denken und zu fühlen. Damit Ihnen Ihre neue Art des Denkens genauso automatisch in den Sinn kommen kann, wie das bei Ihren negativen Gedanken der Fall ist, müssen Sie Ihre gesunden Gedanken systematisch üben (Phase 2 des Umlernprozesses).

Das Üben in der Vorstellung

Das können Sie am besten mit sogenannten Vorstellungsübungen. Sie sind eine geistige Form der Übung, bei der Sie sich im Geiste vorstellen, wie Sie in einer bestimmten Situation denken, fühlen und handeln wollen.

Ein Vorteil von Vorstellungsübungen besteht darin, daß Sie Ihre neue Art des Denkens, Fühlens und Handelns auch dann üben können, wenn sich hierfür im Alltag nur wenig Gelegenheit bietet. Es wäre recht kostspielig und umständlich, wenn Sie beispielsweise lernen wollten, Ihre Flugangst zu überwinden, indem Sie ständig fliegen müßten. Mit Vorstellungsübungen können Sie Ihre Flugangst weitgehend überwinden, ohne daß Sie tatsächlich fliegen.

Vorstellungsübungen sind im Grunde genommen nichts Neues für Sie. Sie praktizieren diese Form der Übung schon, seit Sie denken können. Immer dann, wenn Sie sich ein unerfreuliches und unangenehmes Ereignis ins Gedächtnis rufen und sich dabei depressiv, ängstlich oder ärgerlich machen, üben Sie im Geiste und halten dadurch die Erinnerung und die damit verbundenen Gefühle wach. Immer dann, wenn Sie sich etwas Schlimmes für die Zukunft ausmalen und sich Sorgen machen, machen Sie Vorstellungsübungen. Sie erleben dann genau dieselben Gefühle, als wenn Sie das Schlimme gerade erlebten. Unser Gehirn bemerkt nicht den Unterschied, ob Sie sich etwas nur vorstellen oder ob Sie es tatsächlich erleben. Erfahrung ist Erfahrung.

Ein kleines Experiment

Stellen Sie sich vor, Sie halten eine wunderschöne gelbe Zitrone in Ihren Händen. Versuchen Sie sich dies so bildhaft und lebendig wie nur möglich vorzustellen. Nun riechen Sie einmal an der Zitrone in Ihrer Hand. Stellen Sie sich vor, wie die Zitrone leicht säuerlich riecht.
Stellen Sie sich weiter vor, Sie nehmen diese saftige Zitrone und schneiden sie in zwei Hälften. Nehmen Sie die eine Hälfte und riechen wieder daran. Nun riechen Sie schon deutlicher und intensiver das Säuerliche. Und nun nehmen Sie die Zitrone und beißen herzhaft in sie hinein.

Wenn Sie sich das Ganze bildhaft vorgestellt haben, dann sind zwei Dinge passiert:

1. Sie haben Ihr Gesicht verzogen und
2. Ihr Mund hat mehr Speichel produziert.

Sie sehen: Alleine die Vorstellung, in eine Zitrone zu beißen, reicht aus, um genauso zu reagieren, als hätten Sie tatsächlich in eine Zitrone gebissen.

Sind Sie ein Bilder- oder ein Begriffsdenker?

Einige Menschen verfügen über eine größere Fähigkeit, sich im Geiste etwas bildhaft auszumalen als andere. Wenn sie an etwas denken, dann sehen sie es auch deutlich in der Vorstellung vor sich. Sie haben das, was sie denken, genau "vor Augen". In ihrem Kopf läuft quasi ein Film ab. Wir bezeichnen solche Menschen als Bilderdenker.

Diese Menschen haben den großen Vorteil, daß sie sich in relativ kurzer Zeit etwas aneignen können. Eine große Vorstellungskraft kann aber auch ihre Nachteile haben, nämlich dann, wenn Menschen sie dazu verwenden, um sich negative Vorstellungen zu machen.

Für die Menschen mit großer Vorstellungskraft ist es sehr wichtig, daß sie ihr Gehirn nur mit solchen Gedanken und Bildern programmieren, die ihnen nicht schaden.

Nun gibt es aber auch Menschen, die mehr in Begriffen denken. Ihre Gedanken werden weniger von Vorstellungen und Bildern begleitet. Ihr Gehirn arbeitet quasi wie ein Radioempfänger, während das Gehirn von Menschen, die sehr viele Bilder haben, wie ein Fernsehapparat arbeitet. Sie könnte man als Begriffsdenker bezeichnen.

Unabhängig davon, ob Sie ein Bilder- oder ein Begriffsdenker sind, Sie können von Vorstellungsübungen eine Menge profitieren. Als Begriffsdenker benötigen Sie lediglich ein wenig mehr Zeit und Übung, um Fortschritte zu machen.

Wenn Sie auf der Autobahn einen schweren Unfall sehen, dann werden Sie mehr berührt sein, als wenn Sie von diesem Unfall nur aus dem Radio erfahren. Deshalb ist es wichtig, daß Sie sich Ihre Vorstellungskraft zu einem Verbündeten machen.

Die praktische Anwendung von Vorstellungsübungen (VÜ)

Die Durchführung von VÜ besteht aus 2 Schritten:

1. einer Entspannungsübung und
2. der eigentlichen VÜ.

Es hat sich bei vielen Menschen bewährt, sich vor der VÜ in einen entspannten Zustand zu bringen. Sie wissen sicherlich, daß es im Zustand der Erregung oft schwierig oder gar unmöglich ist, einen klaren Gedanken zu fassen.

Die Form der Entspannung, die wir Ihnen vorstellen möchten, ist sehr einfach und von jedermann erlernbar. Sie kann Ihnen helfen, in manch brenzliger Lebenslage einen kühlen Kopf zu bewahren. Mit ihrer Hilfe können Sie in wenigen Minuten Anspannung und Nervosität beseitigen.

Entspannungsanweisung

Atmen Sie etwas tiefer ein, als Sie das gewöhnlich tun. Dann atmen Sie in *einer* Bewegung wieder aus, *ohne* den Atem nach dem Einatmen anzuhalten. Wenn Sie ausgeatmet haben, halten Sie Ihren Atem für ca. 6 bis 10 Sekunden an. Finden Sie selbst heraus, welche Zeit für Sie am angenehmsten ist. Zählen Sie in Gedanken von 1001 bis 1006 oder 1010.
Nachdem Sie den Atem angehalten haben, atmen Sie wieder ein, atmen in einer Bewegung wieder aus, ohne den Atem anzuhalten, und halten ihn dann für weitere 6 bis 10 Sekunden an.
Wiederholen Sie diese Atemübung für 2 bis 3 Minuten bzw. solange, bis Sie deutlich entspannter und ruhiger sind.

Wenn Sie entspannt sind, können Sie mit der Vorstellungsübung beginnen.

1. Versetzen Sie sich so gut, wie es Ihnen gelingt, in die Situation, in der Sie sich anders fühlen und verhalten wollen. Versuchen Sie, sich ein Bild mit all den Personen und Gegenständen zu machen, die in der Realität in einer solchen Situation auch vorhanden sind.

2. Nun sagen Sie sich in Gedanken die Worte, von denen Sie wissen, daß sie Ihnen helfen, sich so zu fühlen und zu verhalten, wie Sie möchten.

3. Sehen Sie sich das tun und sagen, was Sie gerne tun und sagen möchten.

Ihre Vorstellungsübung hat also 3 Teile:
1. Ich bin ... (Hier stellen Sie sich die Situation vor).
2. Ich bleibe/bin ruhig ..., indem ich denke ...

Sagen Sie sich Ihre realistische Alternative und sehen Sie, wie Sie sich wohlfühlen.

3. Ich werde ... (Hier sehen Sie sich das tun und sagen, was Sie in dieser Situation gerne tun und sagen möchten).
   Spielen Sie diese Situation in Ihrer Vorstellung mehrmals durch.

Machen Sie eine VÜ von derselben Situation mindestens drei bis vier Male täglich eine Woche lang.

Sie bestimmen das Tempo Ihrer Fortschritte. Je mehr Sie üben, umso schneller haben Sie Erfolg.

Was, wenn Sie während der VÜ unruhig werden?

Dann unterbrechen Sie sofort Ihre VÜ. Bringen Sie sich mit der Atemübung wieder in einen entspannten Zustand und beginnen dann von neuem mit der VÜ.

Verspüren Sie auch nach dem dritten Anlauf noch eine starke Unruhe, dann überprüfen Sie, ob Sie vielleicht einen wichtigen, negativen Gedanken außer acht gelassen haben. Es könnte sein, daß Sie einen für diese Situation wichtigen, negativen Gedanken nicht herausgefordert und entkräftet haben. In diesem Fall überprüfen Sie diesen Gedanken mit Hilfe der 2 Regeln für gesundes Denken und beginnen dann wieder mit der VÜ.

Es ist jedoch ganz normal, wenn Sie ein wenig nervös sind, während Sie die VÜ von einer Situation zum ersten Mal durchführen.

Schauen wir uns ein Beispiel an. Peter hatte folgendes ABC gemacht:

A: Situation
Ich komme später von der Arbeit heim, als ich meiner Frau gesagt habe. Sie sagt zu mir: „Du kannst wenigstens anrufen, wenn du später kommst. Wegen dir verkocht das ganze Essen. Da vergeht mir die Lust, überhaupt zu kochen".

B: Bewertung
Ewig hackt sie auf mir herum. Ich halte das nicht mehr aus.

C: Gefühl und Verhalten

bin verärgert,
rede den ganzen Abend nichts mehr.

Wie hat Peter nun seine Gedanken herausgefordert?

1. *Ewig hackt sie auf mir herum.*

a) Entspricht der Gedanke den Tatsachen?
Nein! Sie sagt lediglich etwas, das mir nicht gefällt. Sie gibt sich Mühe mit dem Essen und ärgert sich, weil es nun nicht mehr so gut schmeckt. Sie hat nicht i m m e r etwas an mir auszusetzen.

b) Hilft mir der Gedanke, mich so zu fühlen und zu verhalten, wie ich möchte?
Nein. Wenn ich so denke, dann bin ich verärgert und spiele den Beleidigten. Das möchte ich jedoch nicht.

Der Gedanke „Ewig hackt sie auf mir herum" ist also ein schädlicher Gedanke, der mir nicht weiterhilft. Stattdessen kann ich mir sagen:

„Meine Frau ist verärgert, weil es ihr nicht gefällt, wenn ich später komme, als ich gesagt habe. Das ist für mich jedoch kein Grund, auch sauer zu reagieren. Es ist schließlich mein Fehler, daß ich nicht angerufen habe. Ich bleibe ganz ruhig und entschuldige mich bei ihr."

2. *Ich halte das nicht mehr aus.*

a) Entspricht der Gedanke den Tatsachen?
Nein. Ich übertreibe, wenn ich so denke. Ich kann es ertragen, wenn meine Frau ärgerlich ist.

b) Hilft mir der Gedanke, mich so zu fühlen und zu verhalten, wie ich möchte?
Nein. Wenn ich so denke, dann brause ich auf und bringe mich aus der Fassung.

Der Gedanke „Ich halte das nicht mehr aus" ist also ein schädlicher Gedanke.

Stattdessen kann ich mir sagen:

„Ich kann es aushalten, wenn meine Frau über mein Verhalten verärgert ist. Sie hat ein Recht darauf, wütend zu sein und mir das auch zu zeigen. Es liegt jedoch an mir, wie ich auf ihre Worte reagiere. Ich bestimme, wie ich mich fühle. Ich bleibe ruhig und erinnere mich daran, daß ich eben auch nur ein Mensch bin, der von Zeit zu Zeit Fehler macht. Das nächste Mal werde ich anrufen. Ich entschuldige mich jetzt bei ihr."

Peter nahm dieses ABC zum Anlaß, um VÜ zu machen. Er stellte sich die Situation A vor. Anstatt sich aber einzureden, daß er das Verhalten seiner Frau nicht mehr aushalte und daß sie auf ihm herumhacke, machte er sich nun seine Alternativen klar, von denen er wußte, daß sie ihm helfen, ruhig zu bleiben.

Peter hat diese VÜ eine Woche lang viermal täglich durchgeführt. Als Peter das nächste Mal, etwa zwei Wochen später, einen Fehler machte und seine Frau ihn darauf ansprach, wurde er immer noch ärgerlich, aber bei weitem nicht mehr so stark wie früher. Er erinnerte sich sofort seiner hilfreichen Gedanken, die er eine Woche lang geübt hatte, und so gelang es ihm, sich und seine Gefühle sehr rasch unter Kontrolle zu bringen. Er setzte seine neue Sichtweise auch bei anderen Gelegenheiten ein, so z.B. wenn sein Chef eine kritische Bemerkung machte oder ihm im Laufe des Tages ein Fehler unterlief. Je mehr er übte, desto besser konnte er seine Gefühle kontrollieren.

„Ist die Vorstellungsübung nicht nur ein <so tun, als ob>?"

Nein. Die VÜ ist ein einfacher, aber sehr wirksamer Weg, wie Sie lernen können, anders zu denken, fühlen und handeln. Sie hilft Ihnen, Ihre neuen Einsichten zu Gewohnheiten werden zu lassen.

Auch wenn Ihnen dieses bewußte Üben in der Vorstellung am Anfang künstlich vorkommt, so ist diese Möglichkeit doch der schnellste Weg, um eingefahrene Denk- und Gefühlsgewohnheiten abzulegen.

Das Üben in der Praxis

Nachdem Sie es geschafft haben, sich in der Vorstellung so zu fühlen und zu verhalten, wie Sie möchten, ist es ebenso wichtig, daß Sie Ihre neuen Einsichten in der Praxis anwenden.

Haben Sie sich früher z.B. sehr unwohl oder ängstlich gefühlt, wenn Sie mit fremden Menschen zusammen waren, dann setzen Sie sich nun zum Ziel, drei neue Leute pro Woche kennenzulernen. Wenn Sie Schwierigkeiten haben, sich mit einem Bekannten ruhig über ein bestimmtes Thema zu unterhalten, dann suchen Sie diesen Freund auf und tun genau das.

Mit anderen Worten: Üben Sie Ihre neue Art, zu denken, fühlen und handeln nun auch im Alltag. Machen Sie genau das, was Sie bisher vermieden haben. Für das Üben im Alltag finden Sie in den nächsten Kapiteln noch mehr konkrete Hinweise.

Lernhilfen

1. Nehmen Sie nun Ihr korrigiertes ABC zur Hand, das Sie mit Hilfe der 2 Regeln für gesundes Denken angefertigt haben, und machen Sie eine Woche lang täglich drei- bis viermal Vorstellungsübungen. Vergessen Sie nicht, sich zuvor zu entspannen.

2. Wenn Sie sich dabei ertappen, daß Sie sich in Ihrer Vorstellung schlimme Bilder und Phantasien machen, dann brechen Sie diese sofort ab. Wenn sie wiederkommen, dann gebieten Sie ihnen so oft Einhalt, bis sie verschwunden bleiben.

3. Machen Sie sich Ihre Vorstellungskraft zu einem Verbündeten. Wenn Sie beispielsweise einen Vortrag halten möchten, dann machen Sie positive Vorstellungsübungen. Sehen Sie sich, wie Sie vor Zuhörern stehen und Ihre Rede halten. Sehen Sie sich, wie Sie sich wohlfühlen und Ihren Vortrag erfolgreich beenden.

4. Setzen Sie die Atemübung ein, wenn Sie angespannt sind.

5. Setzen Sie Ihr neues Verhalten, das Sie bisher nur in der Vorstellung geübt haben, in die Tat um.

4
„Ich habe keine Lust"
Wie Sie sich motivieren

Angelika hat schon mehrmals versucht, sich das Rauchen abzugewöhnen. Ohne Erfolg. „Ich habe einfach keine Willenskraft", meint sie als Entschuldigung.
Michael fühlt sich stets aufs neue lustlos und träge bei dem Gedanken, den Rasen vor dem Haus zu schneiden. Er schiebt diese Tätigkeit immer wieder mit der Begründung hinaus, er habe keine Lust und überhaupt gefalle ihm der Rasen viel besser, wenn er lang ist. Erst wenn seine Frau ihm gehörig Druck macht, geht er an die Arbeit.
Peter studiert noch. Er tut es jedoch nur widerwillig. Meist sitzt er mißmutig über seinen Büchern und ist mit seinen Gedanken woanders. „Wofür, denkt er, soll ich studieren. Ich kriege ja doch keinen Job."

Wie kommt es, daß man Dinge bis zum letzten Drücker hinausschiebt oder überhaupt nicht erledigt? Woher kommt es, daß man manchmal so wenig motiviert ist und so wenig Selbstdisziplin hat, um das zu tun, was man tun möchte?

Eines steht fest. Es liegt nicht an den Dingen oder der zu erledigenden Arbeit. Die Gründe liegen vielmehr in uns selbst. Wir boykottieren und lähmen uns selbst in unserem Handeln. Wir tun das durch die Art unserer Gedanken und Einstellungen.

Warum tun wir, was wir tun?

Das Handeln der Menschen wird letztlich von 2 Dingen bestimmt:

a) von der Hoffnung auf etwas Positives
b) von der Angst vor etwas Negativem

Warum haben Sie beispielsweise dieses Buch gekauft und lesen nun darin? Vermutlich, weil Sie sich davon etwas für die Lösung Ihrer

Probleme erhoffen.

Warum gehen Sie arbeiten, anstatt zu Hause zu bleiben und sich ein schönes Leben zu machen? Weil Sie am Monatsende Ihr Gehalt auf dem Bankkonto haben möchten, bzw. weil Sie Angst haben, ohne Arbeit und Geld nicht existieren zu können. Sie tun nie etwas, ohne dafür einen Grund zu haben. Sie tun etwas, weil Sie sich etwas davon versprechen.

Wir wissen, daß Sie nun eine Menge Situationen anführen könnten, in denen Sie oder andere etwas tun und sich dabei nichts zu versprechen scheinen. Wenn Sie jedoch ehrlich sind und sich gewissenhaft prüfen, dann werden Sie feststellen, daß Ihr Handeln und das Ihrer Mitmenschen immer durch die Hoffnung auf etwas und die Angst vor etwas bestimmt wird.

Peter macht sich keine Hoffnung, daß er in seinem Beruf einen Job findet, und sagt sich: „Wofür soll ich studieren, das bringt doch nichts". Er sieht keinen Nutzen in seinem Studium und ist deshalb auch nicht motiviert, etwas dafür zu tun.

Michael, dem es lästig ist, den Rasen zu mähen, verspricht sich ebenfalls nichts. Er bezeichnet das Rasenmähen als eine Drecksarbeit, und überhaupt mag er es lieber, wenn der Rasen lang ist. Nur aus Angst vor Streit mit seiner Frau macht er sich in letzter Minute ans Werk.

Angelika hat ebenfalls Motivationsprobleme. Sie hört nicht mit dem Rauchen auf, weil sie sich weder etwas vom Nichtrauchen verspricht, noch genügend Angst hat, daß ihr durch das Rauchen ein gesundheitlicher Schaden entstehen könnte. Wäre Angelika davon überzeugt, daß sie Lungenkrebs vom Rauchen bekommt, dann hätte sie genügend Willenskraft, um damit sofort aufzuhören- vorausgesetzt, sie will nicht an Lungenkrebs sterben.

Wie man sich nicht motivieren sollte

Sie kennen die Situation. Da ist ein wichtiger Brief, der unbedingt bis zu einem bestimmten Termin erledigt sein "muß". Sie haben erstmal keine Lust und legen ihn beiseite. Eine Woche vergeht. Sie denken mal wieder an Ihren unerledigten Brief, aber Sie schieben den Gedanken daran wieder beiseite. „Es hat ja noch Zeit". Im übrigen hat man ja noch etwas Wichtigeres zu tun. Wieder vergeht eine Woche. Die Gedanken an den Brief und die damit verbundenen unguten Gefühle kommen jetzt immer häufiger. Wieder findet man jedoch eine Ausrede und schiebt die Angelegenheit weiter auf. Je näher der Zeitpunkt rückt, umso größer werden der Druck und die unguten Gefühle. Bald denken Sie täglich an diesen "verfluchten" Brief. Sie nehmen sich vor: „Morgen, ganz bestimmt morgen werde ich ihn erledigen". Morgen kommt jedoch etwas dazwischen oder man findet wieder eine Ausrede. Schließlich, kurz vor Toresschluß setzt man sich dann, widerwillig und unter großer Anspannung und Angst an den Brief und erledigt ihn.

In der Psychologie nennt man das Negativmotivation. Man schiebt etwas so lange vor sich her, bis der Druck so stark ist, daß man quasi mit dem Rücken an der Wand steht und nicht mehr anders kann, als die Angelegenheit aus der Welt zu schaffen. Die unangenehme Arbeit, den Brief zu schreiben, ist schließlich weniger unangenehm, als die Angst und die Anspannung auszuhalten.

Hinterher ist man natürlich mächtig erleichtert. Vielleicht nimmt man sich sogar vor: „Das nächste Mal läßt du es aber nicht wieder auf die letzte Minute ankommen". Meist ist dieser gute Vorsatz jedoch schnell vergessen, und das Spiel beginnt von vorn.

Was hat man davon? Nicht nur, daß man sich über Tage oder gar Wochen hinweg das Leben schwermacht, man benötigt dann oft auch mehr Zeit zur Erledigung der Aufgabe, da ungute Gefühle ein effektives Arbeiten erschweren.

Wenn Sie diese Form der Motivation von sich kennen, dann haben wir eine gute Nachricht für Sie. Sie können lernen, mit unangenehmen Aufgaben, die Sie gerne aufschieben, besser umzugehen.

Wie Sie sich motivieren können

1. Halten Sie sich die Vorteile vor Augen, die Sie durch die Erledigung der Tätigkeit haben. So könnte Angelika eine Liste von all den Vorteilen machen, die das Nichtrauchen mit sich bringt: Geldersparnis, die Luft geht beim Treppensteigen nicht mehr aus, keine verräucher-

ten Kleider mehr, usw.

2. Wenn es sich um für Sie wichtige, aber unangenehme Dinge handelt, die Sie gerne hinausschieben, wie Michael das Rasenmähen, dann fragen Sie sich: „Welche Vorteile hat es, wenn ich das sofort tue?". Solche Vorteile könnten sein: Vermeide Unannehmlichkeiten, habe es hinter mir und habe kein schlechtes Gewissen, habe den Kopf frei für andere Dinge, fühle mich besser, usw. Tun Sie dann das Unangenehme sofort. So können Sie sich freuen, es hinter sich zu haben, und den Rest des Tages unbeschwert genießen.

3. Ändern Sie Ihre Einstellung. Vermeiden Sie, sich gegenüber Worte zu gebrauchen wie: „Ich muß, ich sollte ...".
Machen Sie sich klar: „Ich muß gar nichts außer sterben. Alles andere tue ich freiwillig, weil ich dadurch gewisse Vorteile habe und mir dadurch Unannehmlichkeiten erspare". Es ist Ihre freie Entscheidung, ob Sie etwas tun oder nicht. Sie bezahlen Ihre Steuern, weil Sie nicht hinter Gitter möchten, Sie überschreiten nicht die Höchstgeschwindigkeit, weil Sie Angst haben, erwischt zu werden, oder weil Sie andere nicht gefährden wollen. Sie haben immer einen Grund für Ihr Handeln. Sagen Sie sich also: „Ich tue es, weil ...".
Wenn Sie, wie Peter, in etwas keinen Sinn sehen, dann fragen Sie sich: „Stimmt es, daß es sinnlos ist, das zu tun?". Auch wenn Peter vielleicht Schwierigkeiten haben wird, einen Job zu finden, heißt das dann, daß sein Studium sinnlos ist und daß er nie einen Job finden wird? Achten Sie darauf, daß Sie nicht gleich alles ins total Negative ziehen.

4. Verlassen Sie sich nicht auf Ihre Gefühle. Wie oft haben Sie andere schon sagen hören: „Ich habe keine Lust" oder „Mir ist nicht danach"? Solange Sie etwas nicht ausprobiert haben, können Sie nicht wissen, ob es Ihnen Spaß macht oder nicht.
Wenn Sie zu etwas keine Lust haben, dann deshalb, weil Sie sich davon nichts versprechen. Sie denken, es springt für Sie dabei nichts heraus. Ändern Sie Ihre Gedanken. Geben Sie sich zumindest die Chance, herauszufinden, ob Sie recht haben oder nicht.

5. Setzen Sie sich Zwischenziele. Wenn Sie mit dem Auto 5000 Kilometer fahren wollen, dann machen Sie auch von Zeit zu Zeit Rast. Sie setzen sich für jeden Tag Zwischenziele, bis Sie Ihr Endziel erreicht haben.
   Wenn es Ihr Ziel ist, Marathonläufer zu werden, dann benötigen Sie viele kleine Zwischenziele, bis Sie schließlich 40 Kilometer an einem Stück laufen können.
   Verlieren Sie Ihr Endziel nicht aus dem Auge, aber teilen Sie den Weg dahin in kleine Portionen auf.

6. Loben Sie sich. Klopfen Sie sich auf die Schulter, wenn Sie ein Zwischenziel erreicht haben. Hasten Sie nicht gleich weiter. Setzen Sie sich eine Belohnung aus für den Fall, daß Sie tun, was Sie sich vorgenommen haben.

7. Fordern Sie nicht von sich, etwas nur dann tun zu dürfen, wenn Sie es perfekt können. Meist kommt es mehr darauf an, etwas zu tun, als es perfekt zu tun. Bei allem, was man lernt, macht man Fehler. Es ist so gut wie unmöglich, daß man etwas beherrscht, ohne zuvor Fehler gemacht zu haben. Oder haben Sie auf Anhieb mit Messer und Gabel umzugehen verstanden? Haben Sie laufen gelernt, ohne ein paarmal hinzufallen? Es gibt keinen Fortschritt ohne Fehler. Nichts ist von Natur aus zu schwer, um es zu lernen, solange es nicht für Menschen unmöglich ist. Unterteilen Sie Ihr Ziel in kleine Schritte. Es ist lediglich mühsam, aber nicht *zu* mühsam. Es wird mit der Übung immer leichter werden.

5
„Wer bin ich schon?" Machen Sie Schluß mit Ihren Minderwertigkeitsgefühlen

Es gibt etwas in Ihrem Leben, das Sie nicht kaufen können und das Ihnen kein anderer Mensch geben kann. Dennoch ist es das Wertvollste, was Sie in Ihrem Leben besitzen können: Selbstachtung. Wie der Name schon sagt, können nur Sie sich dieses Geschenk machen.

Michaela ist 22 Jahre alt. Sie kam in Therapie wegen verschiedenster Probleme: starken Depressionen, Selbstmordgedanken, Hemmungen und Unsicherheiten, Erröten. Begonnen hatten ihre ganzen Probleme im Alter von 14 Jahren. Michaela war damals nicht mit ihrem Äußeren zufrieden und hatte Hemmungen, sich mit anderen, insbesondere Gleichaltrigen, zu treffen.

Kam sie an ihrer Arbeitsstelle mit Männern in Kontakt, traute sie sich nicht zu, mit diesen ein Gespräch zu führen. Zeigte ein Mann Interesse an ihr, dann verhielt sie sich abweisend und unnahbar. Sie tat das nicht etwa, weil sie sich keinen Kontakt wünschte. Nein. Sie wünschte sich sehr den Kontakt zu einem Mann. Sie hatte jedoch Angst, dieser würde sie ablehnen und könnte erkennen, daß sie der minderwertige und unattraktive Mensch ist, für den sie sich selbst hielt.

Vor sich selbst rechtfertigte sie ihre abweisende Haltung damit, daß sie sich sagte: „Der kann nur keine Bessere finden" oder „Der will ja nur das eine". Auf diese Weise verbaute sich Michaela jede Beziehung zu einem Mann und fühlte sich sehr einsam.

Was bedeutet es, sich selbst zu achten?

Es bedeutet, sich als wertvoll und liebenswert anzusehen, ungeachtet der großen und kleinen Fehler und Schwächen, die man hat. Es bedeutet, sich zu akzeptieren, ungeachtet seines Äußeren, seines Erfolgs oder der Anerkennung durch andere.

Sich zu achten, bedeutet aber auch, Verantwortung für sich und seine Fehler zu übernehmen, d. h., zu ihnen zu stehen. Das kann man jedoch nur dann, wenn man sich nicht für sie abwertet und verurteilt.

Wahre Selbstachtung hat nichts mit Eigenliebe zu tun. Sie sollen nicht wie ein Pfau umhergehen, von sich eingenommen sein oder gar auf andere herabschauen. Es geht nicht darum, daß Sie in den Spiegel schauen und fragen: „Spieglein, Spieglein an der Wand. Wer ist der Schönste und Beste im ganzen Land?".

Es geht nicht darum, daß Sie anderen vorführen, was für ein toller Mensch Sie sind. Es geht auch nicht darum, mit sich zu prahlen und sich stets aufs neue herauszustellen.

W. Dyer, ein amerikanischer Psychologe, drückte es einmal so aus: <Sich selbst zu achten, heißt, mit sich eine heimliche Liebesaffäre zu haben.>

Warum Menschen sich ablehnen

Es gibt Tausende von Gründen, warum Menschen sich ablehnen: weil sie zu groß oder zu klein, zu dick oder zu dünn sind; weil sie zu viele oder zu wenig Haare haben; weil sie nicht intelligent genug sind; weil sie nicht erfolgreich sind; weil sie nicht von allen für sie wichtigen Menschen anerkannt und akzeptiert werden; weil sie eine schwarze oder gelbe Hautfarbe haben; weil sie körperlich behindert sind; weil sie körperlich krank sind und, und ....

Monika, eine Patientin, antwortete auf die Frage, warum sie sich minderwertig bzw. anderen unterlegen fühle:

> weil ich mich gegen andere nicht wehren kann,
> weil ich mich nicht durchsetzen kann,
> weil ich immer fürchte, daß Erwachsene mich nicht als Erwachsene ansehen,
> weil ich glaube, daß mich niemand ernst nimmt,
> weil niemand mit mir über seine persönlichen Probleme sprechen will,
> weil ich nicht wie andere freundlich, herzlich, verständnisvoll wirke, sondern eher als arrogant eingestuft werde,

weil ich so viele Wissenslücken habe, daß ich ohnehin nicht mitreden kann,
weil andere sowieso alles besser wissen, gescheiter sind und sich besser ausdrücken können,
weil ich mich nicht für hübsch halte und mich dick finde,
weil ich nicht, wie die anderen aus meiner Klasse, einen Beruf habe oder studiere,
weil ich noch gar nichts Besonderes erreicht habe und nur anderen Leuten als Putzfrau den Dreck wegmache,
weil die anderen meine Angst bemerken könnten und mich dann noch weniger ernst nehmen würden,
weil ich eine Frau bin.

Ist es da verwunderlich, daß Monika depressiv ist, wenn sie keine Möglichkeit ausläßt, um sich abzuwerten? Ich bin mir fast sicher, Monika hätte diese Liste noch beliebig fortführen können.

Monika war 3 Jahre lang bei einem Analytiker in Behandlung, bei dem sie keinen Fortschritt machte. Kein Wunder. Ihr Psychotherapeut tat nichts anderes, als ihr nur zuzuhören. Kein einziges Mal forderte er Monika auf, über ihre Minderwertigkeitsgefühle zu sprechen. So hielt sie weiter daran fest, und es konnte sich nichts ändern. In nur 10 Sitzungen bei mir lernte sie, ihre Gründe für ihre vermeintliche Minderwertigkeit zu hinterfragen, und erkannte, daß sie absolut keinen Grund hatte, sich zu verurteilen. Damit hatte sie auch den ersten Schritt aus ihren depressiven Verstimmungen heraus getan. Natürlich benötigte sie noch einige Monate, bis sie ihre negative Angewohnheit, sich abzulehnen, weitgehend überwunden hatte, aber der Anfang war gemacht.

Allen Menschen, die sich ablehnen, ist gemeinsam, daß sie sich einen Maßstab ausgedacht haben, nach dem sie sich einstufen. Sie sind davon überzeugt, daß sie mit der Beurteilung ihrer Person vollkommen richtig liegen und daß die anderen sie auch so sehen und beurteilen. Als Folge davon vermeiden sie Situationen, in denen andere ihre vermeintliche Minderwertigkeit erkennen könnten. Wenn sie mit anderen Menschen zusammen sind, dann fühlen sie sich unsicher und gehemmt.

Menschen, die so mit sich umgehen, begehen einen schwerwiegenden Fehler. Sie setzen ihr Verhalten, ihr Äußeres oder ihre Eigenschaften mit ihrer Person gleich. Haben sie Pickel, eine große Nase oder Zahnlücken, dann halten sie sich für minderwertig. Tun sie etwas Schlechtes, dann sind sie auch schlecht. Verhalten sie sich gemein, dann halten sie sich für einen gemeinen und verabscheuungswürdigen Menschen. Sie trennen ihr Verhalten nicht von ihrem Wert als Mensch, sondern werfen beides in einen Topf.

Wenn Sie beispielsweise durch eine Prüfung fallen, dann ist es korrekt, zu sagen, daß Ihre Leistung schlecht war. Es wäre jedoch vollkommen irrational, wenn Sie sich deshalb einen Versager nennen würden oder sich für minderwertig hielten.

Würden Menschen lediglich ihr Verhalten beurteilen, d.h. dieses als gut oder schlecht einstufen, dann hätten sie kaum seelische Probleme. Schwere seelische Probleme bekommen Menschen erst dann, wenn sie die schlechte Beurteilung ihres Verhaltens auch auf ihre Person ausdehnen- dann wenn sie denken, ein Mensch, der einen Fehler macht, ist ein vollkommener Versager in allen Bereichen.

Hören Sie damit auf. Trennen Sie immer den Wert Ihres Verhaltens von dem Wert, den Sie als Mensch haben. Beurteilen Sie Ihr Verhalten, aber verurteilen Sie sich nicht als Mensch. Wenn es möglich ist, Ihre Fehler und Schwächen auszumerzen, dann tun Sie es. Können Sie Ihre Schwächen nicht ausmerzen, dann akzeptieren Sie sich als einen fehlerhaften Menschen, aber verurteilen Sie sich nicht.

Ein kleines Beispiel zum Nachdenklich-Machen

Nehmen wir an, Sie haben einen Garten, und darin befindet sich ein Apfelbaum. Im Herbst, wenn die Früchte reif sind, stellen Sie fest, daß eine ganze Reihe dieser Früchte wurmig und faulig ist. Daneben hängen aber auch gute und sehr schmackhafte Äpfel am Baum.

Würden Sie nun den Baum für minderwertig halten oder ihn gar fällen, nur weil ein Teil seiner Früchte faul ist? Sicherlich nicht. Sie würden sich die guten Früchte holen und überlegen, wie Sie im nächsten Jahr vermeiden können, daß wieder so viele unbrauchbare Äpfel am Baum hängen.

Wie würden Sie über Ihren Nachbarn denken, der Ihnen erzählt, daß er seinen Apfelbaum als Bestrafung für seine zum Teil fauligen Früchte kurzerhand gefällt hätte? Würden Sie ihm zustimmen, daß seine Handlungsweise richtig war, oder würden Sie zumindest für sich denken: „Also das war doch nicht nötig. Der hat wohl nicht mehr alle Tassen im Schrank. Das weiß doch jeder, daß ein Baum sowohl gute wie auch faulige Früchte trägt".

Nun übertragen Sie dieses Beispiel auf sich. Sie sind der Apfelbaum. Sie haben einige Fehler und Schwächen. Verlangen Sie nicht von sich, perfekt sein zu müssen, wenn andere es auch nicht sind. Fällen Sie nicht gleich ein Todesurteil über sich, wenn Sie in einer Situation versagen. Überlegen Sie, wie Sie die Zahl Ihrer fauligen Äpfel verringern können, und genießen Sie die guten.

Selbstverständlich trifft all das auch auf Ihre Mitmenschen zu. Wenn Ihr Partner Sie beschimpft, dann ist er deswegen kein schlechter oder gemeiner Mensch. Sein Verhalten ist vielleicht gemein und schlecht, aber nicht der gesamte Mensch. Wenn Ihre Kinder nicht gehorchen, dann sind sie keine schlechten Kinder, sondern ihr ungehorsames Verhalten ist schlecht. Sagen Sie niemals zu Ihren Kindern Dinge wie: „Du bist ein schlechter Junge, weil du das getan hast".

Auf diese Weise lernen Ihre Kinder, von sich als Mensch schlecht zu denken. Sie lernen, genau dieselben Fehler zu machen wie Sie; nämlich ihren Wert nach ihrem Verhalten zu beurteilen. Ihre Kinder lernen dann, sich minderwertig zu fühlen, wenn sie etwas Schlechtes tun.

Sagen Sie stattdessen: „Ich mag es nicht, wenn du das tust. Ich dulde nicht, daß du dich so benimmst. Ich mag dich und habe dich lieb. Aber dieses Verhalten werde ich nicht durchgehen lassen".

Kinder verstehen das. Sie erreichen mit diesen Worten genau dasselbe, wie wenn Sie Ihr Kind als schlecht hinstellen. Passiert es Ihnen trotzdem, dann bleiben Sie ruhig und verzeihen sich diesen Fehler. Arbeiten Sie daran, diesen Erziehungsfehler in Zukunft zu vermeiden. Lediglich Ihr tadelndes Verhalten ist schlecht, Sie sind deswegen immer noch ein liebenswerter und fürsorglicher Vater oder eine solche Mutter.

Die Auswirkungen einer geringen Selbstachtung

Menschen, die sich für minderwertig oder wertlos halten, verhalten sich im Alltag ganz verschieden.

Entweder nehmen sie aus Angst, daß andere ihre vermeintliche Schwäche entdecken könnten, Dinge erst gar nicht in Angriff, oder sie fordern von sich Perfektheit und nehmen große Anstrengungen auf sich, um Erfolg zu haben. Diejenigen, die von sich fordern, perfekt sein zu müssen, sind meist sehr erfolgreich. Anstatt aber sich ihren Erfolg zugute zu halten und ihre schlechte Meinung von sich zu revidieren, sagen sie: „Das war Glück, Zufall", usw. Auf diese Weise halten sie weiterhin an ihrer Minderwertigkeit fest. Diejenigen, die aus Angst, andere könnten ihre vermeintliche Minderwertigkeit entdecken, eher passiv sind und sich vor Aufgaben drücken, indem sie sagen: „Ich kann nicht, ich bin zu ...", haben natürlich auch weniger häufig Erfolg. Ihre Erfolglosigkeit sehen sie dann als einen Beweis dafür an, daß sie mit ihrer schlechten Meinung von sich recht hatten. Diese beiden unterschiedlichen Verhaltensweisen sehen vereinfacht so aus:

Minderwertigkeitskreis

Ich bin minderwertig,
dumm, häßlich ...

Angst, andere erkennen es	Angst, andere erkennen es
ich muß perfekt sein	ich kann nicht, bin zu...
Erfolg	Mißerfolg
Zufall, Glück, normal	

Menschen, die sich für minderwertig halten, zahlen einen sehr hohen Preis für ihre geringe Selbstachtung.

Da ist jener äußerst erfolgreiche Geschäftsmann, der seine Gesundheit ruiniert, weil er sich und den anderen dauernd beweisen muß, daß er auch jemand ist.

Da ist jene Ehefrau, die nicht darüber hinwegkommt, daß ihr Partner sie verläßt. Sie denkt, ohne ihren Mann nichts zu sein.

Da ist jener Arbeitslose, der sich das Leben nimmt, weil er nicht die vermeintliche Schande ertragen kann, arbeitslos zu sein.

Da ist jene Sekretärin, die voller Angst ist, wenn ihr Chef sie zum Diktat ruft oder wenn das Telefon klingelt.

Da ist jener Jugendliche, der Drogen nimmt, weil er nicht mit der Wirklichkeit klarkommt.

Da sind die vielen hunderttausend Menschen, die alleine und einsam sind, weil sie denken: „Wer will mich schon haben".

Da sind die vielen Millionen Menschen, deren Leben mit Angst und Depressionen angefüllt ist.

Wenn Sie sich für minderwertig halten oder schlecht von sich denken, dann interpretieren Sie das Verhalten Ihrer Mitmenschen oft falsch. Sie sehen alles gleichsam durch Ihren Filter: „Ich bin nicht in Ordnung".

So beklagt sich Monika in der Therapie darüber, daß ihre Mutter sie nicht versteht. Auf die Frage ihres Therapeuten, was sie damit meine, antwortete sie: „Sie gibt mir nicht recht, daß ich häßlich und dumm bin".

Claudia berichtet in der Therapie, daß niemand sie mag. Auf die Frage ihres Therapeuten, wie sie darauf komme, antwortete sie: „Wenn ich auf der Straße jemanden anschaue, dann schaut der weg".

Monika und Claudia kommen gar nicht auf die Idee, daß das Verhalten ihrer Mitmenschen ganz andere Gründe haben kann. Da Monika sich für häßlich und dumm ansieht, meint sie, alle müßten auch so schlecht von ihr denken. Sind andere freundlich und nett zu ihr, dann denkt sie, die anderen sind alle Heuchler, die ihr nur nicht wehtun wollen.

Claudia sieht nicht, daß Menschen oft aus Schüchternheit und Angst anderen Menschen nicht in die Augen schauen. Sie ist davon überzeugt, das Verhalten ihrer Mitmenschen kann nur eines bedeuten: daß diese sie ablehnen.

Solange Sie sich selbst nicht annehmen, sehen Sie in Ihren Mitmenschen nur Feinde und Heuchler. Erst wenn Sie sich annehmen, sind Sie für die Liebe und Anerkennung anderer Menschen empfänglich.

Solange Sie sich nicht respektieren, können Sie auch andere nicht respektieren. Sie können anderen nicht geben, was Sie selbst nicht besitzen.

Schon in der Bibel steht: <Liebe Deinen Nächsten wie Dich selbst>. Es heißt nicht: "Liebe Deinen Nächsten statt Deiner selbst" oder "Liebe

Deinen Nächsten mehr als Dich". Die Selbstliebe wird also vorausgesetzt. Es wird davon ausgegangen, daß man sich selbst mag, und die Aufforderung lautet lediglich, auch seinen Nächsten so zu lieben und zu achten wie sich selbst.

Die Selbstliebe ist die Voraussetzung, um auch andere wirklich lieben zu können. Wenn man für sich selbst nichts übrig hat und sich ablehnt, dann kann man auch seine Mitmenschen nicht wirklich lieben und annehmen. Ohne Selbstliebe gibt es keine Nächstenliebe.

6 Wege zu einer positiven Selbstachtung

1. Hören Sie auf, sich gegenüber Worte zu gebrauchen wie: minderwertig, wertlos, Niete, Null, Versager, dumm, Idiot, überflüssig.
   Wenn Sie anderen etwas sagen, dann überlegen Sie sicherlich meist sehr genau, welche Worte Sie gebrauchen. Sie werfen einem Menschen, den Sie mögen, auch nicht solche schlimmen und erniedrigenden Worte an den Kopf. Tun Sie es auch nicht sich selbst gegenüber. Gehen Sie mit sich zumindest ebenso freundlich, zuvorkommend und tolerant um, wie Sie auch mit Ihrem besten Freund umgehen.
   Es gibt keine allgemeingültige Norm, nach der man den Wert eines Menschen beurteilen kann. Das einzige, was wir von allen Menschen sagen können, ist, daß sie fehlerhaft sind.
   Akzeptieren Sie sich deshalb trotz Ihrer Unvollkommenheit. Akzeptieren Sie, daß Sie immer Fehler und Schwächen haben werden.

2. Trennen Sie Ihr Verhalten von Ihrer Person. Wenn Sie etwas Dummes tun, dann sind Sie nicht dumm. Wenn Sie etwas Schlechtes tun, dann sind Sie nicht schlecht. Das Schlimmste, was Sie von sich sagen können, ist, daß Sie ein fehlerhafter Mensch sind.
   Durch einen oder mehrere Fehler wird nicht Ihre ganze Person in Frage gestellt. Ein Fehler, den Sie im Augenblick begehen, ist nur eine Momentaufnahme, vergleichbar mit einem Photo. Dieses Photo zeigt Sie eben nur in einem Moment Ihres Lebens. Die Vergangenheit und die Zukunft sind davon nicht betroffen.

3. Loben Sie sich für Dinge, die Sie gut machen. Seien Sie nicht zu streng in der Auswahl der Dinge, für die Sie sich loben. Machen Sie sich mindestens ein Mal täglich das Geschenk des Lobes. Tun Sie es gleich jetzt einmal. Loben Sie sich für etwas, was Ihnen heute gelungen ist oder, falls Sie nichts dergleichen finden können (weil Sie so streng mit sich sind), dafür, daß Sie sich bemüht haben, etwas zu tun.

4. Machen Sie eine Liste von all den Dingen, wegen derer Sie sich bisher verurteilt und abgelehnt haben. Dann schauen Sie Ihre Liste daraufhin durch, welche Fehler und Schwächen Sie ausmerzen können. Sind Sie vielleicht unsicher und gehemmt? Dann arbeiten Sie an Ihren Hemmungen und Ihrer Angst. Sie können das mit Hilfe dieses Buches tun, oder aber Sie schauen einmal im Veranstaltungsprogramm Ihrer örtlichen Volkshochschule nach. Dort werden vielleicht Kurse zur Überwindung von Selbstunsicherheit angeboten. Merzen Sie auf diese Weise einen Fehler nach dem anderen aus. Akzeptieren Sie diejenigen Fehler und Schwächen an sich, die Sie nicht abstellen können, wie etwa eine Glatze, eine zu kleine Körperstatur, usw.

5. Schreiben Sie eine Liste mit mindestens 10 positiven Eigenschaften und Verhaltensweisen von sich auf. Das ist nicht zu viel. Es brauchen keine besonders hervorstechenden Eigenschaften zu sein, die außer Ihnen niemand hat. Beispielsweise könnten Sie notieren: „Ich bin ein guter Zuhörer. Ich bemühe mich, andere zu achten. Ich arbeite im Büro sehr sorgfältig. Ich spiele gut Tennis. Ich lese meinen Kindern jeden Abend eine Gute-Nacht-Geschichte vor, usw". Lesen Sie diese Liste täglich durch und fügen Sie neue Eigenschaften hinzu, wenn Ihnen solche auffallen. Ihre Negativliste kennen Sie schon auswendig. Auf sie brauchen Sie keine Mühe mehr verwenden.

6. Lesen Sie nun die folgenden Worte mindestens 30 Tage lang ein Mal täglich. Sehr hilfreich ist es auch, sie auf eine Kassette zu sprechen, die Sie jederzeit anhören können.

„Ich bin ein Mensch mit persönlicher Würde. Was ich auch tue, ändert daran nichts. Manchmal mache ich Fehler und manchmal mache ich meine Sache richtig, aber ich bin und bleibe derselbe, was ich auch tue.

Ich werde mein ganzes Leben lang Fehler machen, da ich nicht perfekt bin. Ich bin ein fehlerhafter Mensch. Als solcher habe ich auch die Fähigkeit, aus meinen Fehlern zu lernen, um es das nächste Mal besser machen zu können.

Ich kann mich darum bemühen, etwas besser zu machen, aber ich kann dadurch nicht zu einem besseren Menschen werden. Ebensowenig bedeuten Fehler, daß ich schlecht oder minderwertig bin. Ich kann nicht alles wissen. Niemand weiß alles. Fehler sind ein Kennzeichen des Menschen, und ich bin ein Mensch. Meine Fehler sagen nichts über meinen Wert aus.

Ich werde weiterhin Fehler machen, daran kann ich nichts ändern. Ich kann mich und meine Unvollkommenheit akzeptieren, weil ich ein fehlerhafter Mensch bin, - genauso gut und wertvoll wie andere Menschen auch.

Ich werde mir gegenüber ebenso freundlich sein wie zu anderen, denn schließlich gibt es keinen Grund, mich schlechter zu behandeln als andere. Es gibt aber einen wichtigen Grund, der dafür spricht, freundlich zu mir zu sein. Behandle und fühle ich mich gut, gelingt es mir auch besser, andere gut zu behandeln. Ich sage mir deshalb selbst die positiven Dinge, die ich auch anderen sagen würde, und von denen ich denke, daß sie anderen helfen. So erreiche ich, daß ich mich wohlfühle, und helfe auch anderen, sich wohlzufühlen.

Die Vergangenheit ist aus und vorbei. Ich kann sie nicht mehr rückgängig machen. Einige Dinge, die ich getan habe, bedaure ich. Einige Dinge, die sich ereignet haben, gefallen mir nicht. Ich kann sie jedoch nicht mehr ändern. Das Beste für mich ist es, wenn ich meine Vergangenheit akzeptiere. Ich habe mir meine Vergangenheit erschaffen, ich bin jedoch nicht dasselbe wie sie. Das einzige, was ich im Moment habe, ist dieser Augenblick. Wenn Dinge passieren, die mir nicht gefallen, werde ich sie akzeptieren, indem ich mich daran erinnere, daß ich nicht über alles bestimmen kann. Das einzige, was ich ändern kann, sind meine momentanen Gefühle. Ich bestimme, wie ich mich fühle. Kann ich darüber hinaus noch andere Dinge in meinem Leben ändern, dann tue ich es. Andere Menschen bestimmen, wie sie sich fühlen. Ich bin nicht dafür verantwortlich, wie sie denken, fühlen und handeln. Sie bestimmen, was sie tun, und wie sie sich fühlen.

Ich bin der wichtigste Mensch in meinem Leben, weil ich mein Leben bestimme. Was ich auch tue und wieviele Fehler ich auch mache, ich werde mich akzeptieren und mich annehmen."

Wenn Sie sich noch intensiver mit diesem Thema beschäftigen möchten und beispielsweise mehr darüber erfahren möchten, wie Sie in der Kindheit gelernt haben, sich selbst abzulehnen, und wie Sie selbstsicherer werden können, dann empfehlen wir Ihnen das Buch von Rolf Merkle <So gewinnen Sie mehr Selbstvertrauen>.

Ich habe nur einen wahren Feind auf Erden - und das bin ich selbst.

- Christian Morgenstern -

6
„Es wäre schrecklich, wenn ..."
Ängste und wie man sie überwindet

Gudrun ist 32 Jahre alt. Sie kam zu uns in Therapie, weil sie seit einem Jahr unter starken Ängsten litt. Sie hatte u.a. Angst aus dem Haus zu gehen, vor anderen Menschen, vor der Einsamkeit und zu versagen. Ständig fühlte sie sich unausgeglichen, unter innerer Anspannung und niedergeschlagen. Sie hatte häufig Schwindelgefühle, Herzklopfen, Panikgefühle, starkes Schwitzen und Zittern. Eine Zeitlang schaffte sie es, ihren Zustand durch Tabletten halbwegs erträglich zu machen. Von außen merkte während dieser Zeit niemand, wie es um sie stand. Doch als sie immer mehr Tabletten nehmen mußte, um ihren Pflichten nachkommen zu können, bekam sie Angst vor der Abhängigkeit von den Tabletten und entschloß sich, die Ursache ihrer Ängste herauszufinden und in Therapie zu gehen.

Gudrun ist eine von vielen Menschen, die sich das Leben täglich zu einer lebensbedrohlichen Krisensituation machen. Sie leben ständig in Habachtstellung und unter Anspannung. Die Fähigkeit unseres Körpers, Angst zu empfinden, wird dabei täglich überbeansprucht.

Angst ist eine Zeitkrankheit geworden. Millionen Menschen leiden unter Angst vor Ablehnung, Angst zu versagen, vor Krebs, vor dem Alleinsein, der Zukunft, vor Aufzügen, Hunden, Angst vor der Angst, usw.

Angst engt ein und macht unfrei. Sie beeinflußt wichtige Lebensentscheidungen und sie kann zu chronischen körperlichen Beschwerden führen.

Was ist Angst eigentlich?

Angst ist ein Gefühl. Alle Menschen haben die Fähigkeit, Angst zu empfinden. Angst kann lebenserhaltend sein und ist meist erlernt. Unsere Eltern verwenden viel Mühe darauf, um uns z. B. Angst vor vorbeifahrenden Autos, Feuer, Strom, Dunkelheit und dem Nikolaus beizubringen. Sie bringen uns mit Hilfe von Ermahnungen und Bestrafung bei, was gefährlich für unser Leben ist. Außerdem sind sie für uns ein Modell, von dem wir uns als Kinder unsere Ängste abschauen.

Angst soll uns als seelisches Alarmsignal dienen, lebensgefährliche Situationen und Handlungen zu vermeiden oder aus ihnen zu fliehen. Bei den meisten Menschen hat die Angst körperliche Begleiterscheinungen wie Zittern, Schwindel, Erröten, Anspannung, Herzklopfen, Übelkeit, Harndrang, Atembeschwerden, usw. Angst entsteht nach dem ABC der Gefühle:

A: Situation
Wir laufen z.B. in der Dunkelheit nach Hause.
Hinter uns läuft ein Mann.
B: Bewertung
Wir denken: Der will uns überfallen. Gefahr!
C: Gefühl und Verhalten
Wir bekommen Angst und laufen schneller.

Wenn wir etwas als gefährlich für uns ansehen, versetzen wir unseren Körper blitzschnell und automatisch in einen Zustand angespannter Aufmerksamkeit. Herz und Atem werden schneller, die Muskeln werden angespannt, die Hände werden feucht, wir werden rot oder blaß, der Blutdruck steigt, wir bekommen ein ungutes Gefühl in der Magengegend. Wir mobilisieren sozusagen alle Kräfte für den "Kampf" oder die "Flucht". Es geht um unser Überleben. Wir sind seelisch und körperlich vorbereitet.

Angst kann die Leistungsfähigkeit des Menschen fördern. Sie ist dann sinnvoll, wenn die Situation tatsächlich gefährlich ist und wir durch sie in die Lage versetzt werden, richtig und lebenserhaltend zu reagieren.

Manchmal übersteigt die Angst jedoch ein gewisses Maß an Erregung und dann sinkt die Leistungsfähigkeit zu sinnvollem Handeln ab. In diesem Fall blockiert und schadet uns die Angst. Es kommt zu Ohnmacht oder Panik. Die Angst muß also im richtigen Verhältnis zur objektiven Gefahr stehen, um uns zu helfen.

Für die Steinzeitmenschen war es sicher notwendig, die oben erwähnten Körperreaktionen zu bekommen. Nur so konnten sie sich wirksam verteidigen oder sich auf die Bäume flüchten.

Wir brauchen jedoch heute kaum noch diese Energien, um uns körperlich zu verteidigen. Die tatsächlich lebensbedrohenden Gefahren wie Feinde, wilde Tiere, Hunger, Durst und Schutzlosigkeit gegenüber den Witterungsbedingungen treten in unseren Breitengraden so gut wie nicht auf. Dennoch haben wir Angst.

Unsere modernen Ängste sehen anders aus: Angst vor Konflikten mit dem Vorgesetzten, vor Prüfungen; Angst vor Ablehnung; Angst, Fehler zu machen, Angst, Angst zu bekommen, Angst vor Krankheiten, usw. Wir haben es mit Hilfe unseres Gehirns tatsächlich geschafft, neue Situationen zu finden, in denen wir uns Angst machen können. Wir haben neue Situationen erfunden, die wir als lebensgefährlich für uns ansehen.

Wir selbst sind für unsere Ängste verantwortlich. Wir schaffen sie und können deshalb auch lernen, sie wieder abzubauen. Bei Kindern kann man das sehr deutlich sehen. Fast alle Kinder haben Angst vor Räubern, der Dunkelheit, fremden Menschen. Sie lernen diese im Laufe ihres Lebens zu überwinden.

Unwirksame Strategien, mit der Angst umzugehen

1. *Vermeidung der Situation*

Viele Menschen vermeiden die Situationen, in denen sie Angst empfinden. Kurzfristig erscheint dies als eine geniale Lösung, weil dadurch negative Gefühle und Ängste vermieden werden können. Langfristig erweist sich diese Strategie jedoch als sehr negativ. Der Bewegungsspielraum des einzelnen wird so immer mehr eingeschränkt. Er kann nicht erleben, daß er durchaus in der Lage ist, die Situation zu meistern. So haben z.B. viele Menschen Angst vor dem Fliegen und betreten niemals ein Flugzeug. Deshalb können sie auch nicht erkennen, daß Fliegen nicht so gefährlich ist, wie sie es sich vorstellen.

Wenn der einzelne eine Situation konsequent vermeidet, dann wird er sich allmählich vor immer mehr Dingen drücken. Das Vermeidungsverhalten dehnt sich auf immer mehr Bereiche aus. Die Angst wird also im Endeffekt immer größer anstatt kleiner.

2. *Kurzfristige Konfrontation mit der Situation*
Einige Menschen setzen sich ganz bewußt der "furchterweckenden" Situation aus. Sie suchen die Situation auf, vor der sie sich fürchten. Diese Strategie ist eine harte und auch gefährliche Strategie zur Angstbewältigung. Sie sollte nur unter der Anleitung eines Therapeuten durchgeführt werden. Die Strategie ist dann sehr schädlich, wenn sie zu früh abgebrochen wird. Der einzelne muß solange in der Situation bleiben, bis er sich ruhig fühlt und die Angst verschwunden ist. Bricht er ab, bevor er sich an die Situation gewöhnt hat, wird er noch stärkere Angst als zuvor empfinden.

3. *Angst überwinden durch Essen, Trinken und Tabletten*
Viele Menschen trinken sich Mut an oder essen, um sich zu beruhigen. Kurzfristig funktioniert diese Strategie, denn die Angst wird gedämpft oder verschwindet. Langfristig können diese Strategien jedoch zu gesundheitlichen Schäden und Abhängigkeit führen. Die Ursache für die Ängste wird dadurch natürlich nicht beseitigt, sondern es werden lediglich die Symptome, d.h. unsere Ängste, betäubt.

4. *Sich mit Sorgen und Grübeln beschäftigen*
Viele Menschen beschäftigen sich damit, sich für zukünftige Situationen im Geiste schon die möglicherweise eintreffenden Katastrophen auszumalen. Gedanken wie „Es wäre schrecklich, wenn.." sind an der Tagesordnung. Dadurch geraten sie in Anspannung, obwohl die Situation noch gar nicht eingetreten ist und vielleicht niemals so eintreten wird. Sie haben diese Strategie entwickelt, um „dann nicht so enttäuscht zu sein", wenn die Situation wirklich auf sie zukommt. Manche verknüpfen damit auch eine Art abergläubischen Denkens: „Wenn ich mir die Katastrophe nur genügend häufig ausmale und mir viele Sorgen darum mache, kann ich sie verhindern".

5. *Angst aushalten durch Ablenkung*
Eine weitere Strategie ist es, sich in die Situation zu begeben, vor der man sich fürchtet, und sich abzulenken durch lautes Radiohören, Zeitunglesen, Zahlenkombinationen einprägen, usw. Gut an dieser

Strategie ist, daß man in die Situation geht und sie nicht meidet. Der Nachteil ist, daß man, sofern man seine Einstellungen, die die Angst erzeugen, nicht ändert, immer auf diese Strategien angewiesen ist. Dies kann zu einem zwanghaften Verhalten führen, das bedeutet, man muß es immer so ausführen. Gibt es beispielsweise nicht die Möglichkeit, Radio zu hören, gerät man in Panik.

6. *Angst vermindern durch Verbündete*
Viele Menschen reduzieren ihre Angst, indem sie sich eine Begleitperson suchen, „falls etwas passiert ...". Sie nehmen den Partner oder ihre Kinder mit zum Einkaufen, laden die Freundin zur Übernachtung ein, wenn der Partner auf Geschäftsreise ist. Auch hier hilft die Strategie kurzfristig, im Alltag noch zu funktionieren. Immer dann jedoch, wenn wir nur noch eine Alternative haben, wie wir etwas tun können, wird es gefährlich. Immer wenn wir denken „Ich brauche ... Ohne ... geht es nicht", werden wir abhängig. Wir werden immer unfähiger, alleine etwas zu tun.
Gerade bei dieser Strategie steckt häufig ein anderes Motiv hinter der Angst. Die Angst hilft, Unterstützung und Aufmerksamkeit zu bekommen. Sie hilft, die Verantwortung nicht alleine tragen zu müssen.

7. *die Angst verstecken*
Angst wird von den meisten Menschen als negativ bewertet. Angst zu haben, bedeutet, unfähig und schwach zu sein. Angst wird mit den Begriffen Feigling, Memme, Mamakind und Versager verknüpft. So ist es kein Wunder, daß wir uns bemühen, die Angst vor den anderen zu verstecken. Doch haben wir unseren Körper erst einmal in einen Alarmzustand gebracht, so bleibt die Anspannung im Körper bestehen. Viele haben dann den Eindruck, „vor lauter Zusammenreißen verrückt zu werden".

8. *Angstabbau durch Wegschieben*
Viele Menschen schieben Dinge, die sie als gefährlich ansehen, einfach vor sich her. Nach der Entscheidung „Jetzt muß ich es noch nicht tun", kommt es kurzfristig zu einer Entlastung. Diese Strategie ist jedoch langfristig ebenfalls unwirksam, denn durch das Aufschieben wird das Problem nicht gelöst, der Lohnsteuerjahresausgleich, ein unangenehmer

Anruf, der Besuch beim Zahnarzt werden dadurch nicht erledigt.

Welche Grundformen der Angst gibt es?

Wir können die Erscheinungsformen in drei große Bereiche unterteilen:

1. Angst vor Dingen und vor Örtlichkeiten (Phobien)
   Angst vor Krankheiten (Herzinfarkt, Aids, Krebs)
   Angst vor Tieren (Mäusen, Spinnen, Hunden, Vögeln, usw.)
   Angst vor Höhen
   Angst vor Gewitter, Feuer, Hitze, Kälte, Dunkelheit
   Angst vor Aufzügen, Tunnels, Brücken, großen Plätzen, vor dem Fliegen, Autofahren, Angst vor geschlossenen Räumen

2. Angst vor der Angst und vor Panikattacken

3. Zwischenmenschliche und soziale Ängste
   Angst vor Kritik
   Angst vor Ablehnung
   Angst zu versagen
   Angst vor Erfolg
   Angst vor Autoritäten
   Angst vor dem Alleinsein
   Angst, nahestehende Menschen zu verletzen

Welches sind die häufigsten Ängste?

Zu den häufigsten Ängsten gehören nicht etwa die Angst vor Krankheiten, Arbeitslosigkeit, Krieg oder Sterben, sondern die Angst vor Ablehnung und die Versagensangst. Deshalb wollen wir im folgenden auf diese beiden Ängste eingehen.

1. Die Angst vor Ablehnung

Millionen von Menschen haben eine panische Angst davor, nicht anzukommen, beim anderen in Ungnade zu fallen und nicht gemocht zu werden. Sie trauen sich nicht, sich mit anderen zu unterhalten, ihre Meinung zu sagen, vor einer Gruppe zu sprechen, im Mittelpunkt zu stehen, den Partner zu verlassen, ihren Kindern etwas zu verbieten, usw.

Die Angst vor Ablehnung kann so groß sein, daß manche Menschen alles tun, um sie zu vermeiden: ja, sie geben sogar ihre ganze Selbstachtung auf. Sie fühlen sich stets verpflichtet, das zu tun, was die anderen von ihnen erwarten, und stecken selbst zurück. Sie glauben, nur auf diese Weise vermeiden zu können, daß sie abgelehnt werden. Sie sind davon überzeugt, Liebe und Anerkennung von anderen ebenso dringend zu brauchen, wie sie die Luft zum Leben brauchen. Auf diese Weise werden sie zu Opportunisten, drehen ihr Fähnlein ständig im Winde und übersehen dabei, daß sie sich damit auch schon wieder Ablehnung einhandeln können. Diese Menschen übersehen dabei, daß Liebe und Anerkennung zwar angenehm, aber nicht unbedingt notwendig sind. Sie übersehen, daß es unmöglich ist, von allen gemocht zu werden.

Wir können von anderen abgelehnt werden und uns dennoch selbst anerkennen. Erst dann, wenn wir uns selbst ablehnen, bekommen wir Angst und seelische Probleme. Dann wird die Anerkennung durch andere der Gradmesser für unseren Wert.

Wir tappen dabei in eine von uns selbst aufgestellte Falle: Von anderen geliebt zu werden, sagt nichts über unsere Person aus, sondern nur über die Meinung und Vorliebe dessen, der uns mag. Außerdem kann der, der uns mag, uns im nächsten Augenblick schon nicht mehr mögen. Was machen wir dann? Sind wir dann auf einmal wieder wertlos?

Nehmen wir an, Sie gehen regelmäßig auf den Markt und kaufen dort immer nur eine bestimmte Sorte Äpfel. Heißt das dann, daß all die anderen Apfelsorten wertlos und minderwertig sind? Über wen sagt es etwas aus, wenn Sie immer nur eine bestimmte Sorte Äpfel kaufen? Über die Äpfel oder über Sie, den Käufer?

Wenn Sie denken, Ihr Kaufverhalten sagt etwas über die Äpfel aus, dann sitzen Sie in der Falle. Tatsächlich nämlich sagt Ihr Verhalten nur etwas über Sie aus, nämlich welchen Geschmack Sie haben. Ihre ablehnende Haltung gegenüber den anderen Apfelsorten besagt lediglich, daß diese Ihrem Geschmack nicht entsprechen. Nur aber weil Sie eine bestimmte Sorte bevorzugen, sind die anderen Apfelsorten deshalb nicht weniger wert oder gar minderwertig.

Es gibt Menschen, die ganz andere Apfelsorten als Sie bevorzugen. Übertragen auf den Menschen heißt das: Wenn ein anderer Sie ablehnt, dann sagt seine Ablehnung nichts über Sie aus, sondern nur über ihn. Sein Urteil sagt etwas über seine Erwartungen und Vorstellungen aus, was er mag und was nicht. Über Sie sagt seine Ablehnung absolut nichts aus.

2. Die Angst zu versagen

Die Angst zu versagen ist eng verknüpft mit der Angst vor Ablehnung. Viele Menschen denken, wenn sie Fehler machen, werden sie von anderen ausgelacht und abgelehnt. Vorsorglich vermeiden sie deshalb Situationen, in denen sie tatsächlich Fehler gemacht haben, suchen diese nicht mehr auf. Immer sind sie bemüht, zumindest nach außen hin der perfekte Mensch zu sein. Sie sind sich selbst der größte Feind. Für die Fehler anderer Menschen haben sie Verständnis. Diese haben das Recht, mal müde und unkonzentriert zu sein, sich dumm zu verhalten, einen schlechten Tag zu haben, aber "man selbst, bitte schön, nicht!". An sich selbst stellen sie übermenschliche Forderungen: „Ich darf keine Fehler machen" oder „Ich muß perfekt sein". Sie akzeptieren sich selbst nicht, wenn sie Fehler machen, und denken, andere akzeptierten sie deshalb auch nicht. Sie vergessen dabei, daß Fehler menschlich und absolut unvermeidbar sind.

Wenn Sie die Angst vor Ablehnung und Versagen überwinden wollen, müssen Sie lernen, sich selbst zu akzeptieren, auch wenn andere Sie ablehnen, und wenn Sie Fehler machen.

Sie können lernen, diese Ängste zu überwinden. Sie müssen hart dafür arbeiten, aber es lohnt sich. Wenn Sie diese beiden Ängste überwunden haben, bleiben Ihnen nur noch die Angst vor der Besteigung des Mount Everest und vor der Überquerung der Niagarafälle auf dem Hochseil.

Wie Sie Ihre Angst vor Ablehnung und Versagen erfolgreich überwinden können

Angst entsteht durch unsere Gedanken und nicht durch Ereignisse der Umwelt. Immer dann, wenn wir Angst empfinden, haben wir Gedanken wie:

Es wäre schrecklich, wenn ...
Es wäre schlimm, wenn ...
Es wäre eine Katastrophe, wenn ...
Ich könnte es nicht ertragen, wenn ...
Es wäre total aus, wenn ...

Wir malen uns eine Katastrophe aus und unser Körper reagiert so, als ob wir tatsächlich vor einer Katastrophe stünden. Unser Körper kann nicht unterscheiden, ob wir uns die Katastrophe in der Phantasie nur ausmalen, oder ob sie tatsächlich passiert.

Gleichgültig was für einen unrealistischen Horrorfilm wir in unserem Kopf ablaufen lassen und welche Geister wir beschwören, unser Körper reagiert, als ob unsere Phantasien Wirklichkeit sind. Er reagiert mit Beschleunigung des Herzrhythmus, der Atem geht schneller, die Muskeln werden angespannt. Manchmal treten Übelkeit und Erbrechen auf. Der Schweiß bricht aus. Wir erröten oder erbleichen, beginnen zu zittern.

Ein ABC von Gudrun, unserer Patientin, sah folgendermaßen aus:

A Situation
Gudrun sitzt mit Freunden anläßlich einer Geburtstagsfeier in einem Lokal. Alle erheben die Gläser, um das Geburtstagskind hochleben zu lassen.

B Bewertung
Bestimmt fange ich zu zittern an. Es wäre schrecklich, wenn die anderen sehen, daß ich zittere.

C Gefühl und Verhalten
Angst; Gudrun geht auf die Toilette, um nicht mit den anderen anstoßen zu müssen.

Um eine solche Angst überwinden zu können, müssen Sie folgende Schritte unternehmen. Schreiben Sie wie Gudrun zunächst ein ABC von einer typischen Situation, in der Sie Angst empfinden:

1. Hinterfragen Sie Ihre Gedanken

a) Entspricht es den Tatsachen, daß das Schlimme passieren wird, was ich mir vorstelle, oder existiert das Schlimme nur in meiner Phantasie? Mache ich aus einer Mücke einen Elefanten?

b) Ist es wahrscheinlich, daß das Schlimme passieren wird, was ich mir ausmale, oder ist es nur möglich?

   Wenn etwas nur möglich ist, lohnt es sich nicht, sich schon vorab Angst zu machen. Es ist z.B. möglich, daß gerade, wenn Sie diese Zeilen lesen, ein Starfighter auf Sie stürzt, aber es ist wenig wahrscheinlich.

c) Wenn wahrscheinlich ist, daß das eintritt, was Sie sich ausmalen, dann fragen Sie sich, ob es tatsächlich so schlimm ist. Nur wenn Sie sich nichts Schlimmeres als das vorstellen können, verdient es die Namen "Katastrophe", "schlimm", "schrecklich".

Nur wenn Ihr Leben tatsächlich in Gefahr ist,
ist es angebracht, mit Angst zu reagieren.

---

d) Bleiben Sie nicht dabei stehen, sich die "herannahende Katastrophe" vorzustellen. Sagen Sie sich: „Selbst wenn das Schlimmste passieren wird, habe ich immer noch die Möglichkeit, damit umzugehen. Solange ich lebe, kann ich entscheiden, wie ich damit umgehe. Ich bestimme über meine Gefühle. Wenn ich sterbe, ist es sowieso nicht mehr von Bedeutung, wie ich damit umgehe".

Stellen Sie sich vor, wie Sie das "Schlimmste" erfolgreich bewältigen. Suchen Sie nach Lösungsmöglichkeiten. Es gibt objektiv nichts, was so schlimm ist, daß Sie es nicht ertragen könnten, außer wenn es unmittelbar zum Tode führt. Ereignisse können unangenehm sein, aber nicht schlimm, schrecklich oder eine Katastrophe.

Nur weil Dinge unangenehm sind, brauchen Sie sich nicht permanent in Angst zu versetzen und sich nächtelang sorgen und darüber grübeln.

Wenn Sie alles in Ihren Kräften Stehende getan haben, um die Gefahr zu reduzieren, brauchen Sie sich nicht mehr weiter zu sorgen. Durch Sorgen und Ängste wird die Gefahr nicht geringer. Im Gegenteil, wenn die Gefahr dann tatsächlich eintritt, sind Sie angespannt und geschwächt und haben weniger Kräfte, ihr zu begegnen. Lenken Sie sich ab, konzentrieren Sie sich auf schöne Dinge, anstatt sich Angst zu machen.

2. Achten Sie auf Ihre Katastrophengedanken

a) Überzeugen Sie sich, daß die Situation keine Situation auf Leben und Tod ist.

b) Wenn Sie sich nicht davon überzeugen können, dann sollten Sie folgendes tun:

Überzeugen Sie sich davon, daß Sie auch dann, wenn die Situation ernst ist, keinen Grund haben, "furchtbar ängstlich" zu sein. Sie können dadurch die Situation weder verhindern noch verbessern; im Gegenteil, Sie machen sie noch schlimmer.

Als Gudrun diese Schritte auf ihre Gedanken: „Bestimmt fange ich zu zittern an. Es wäre schrecklich, wenn die anderen sehen, daß ich zittere", anwandte, sah das so aus:

a) Entspricht es den Tatsachen, daß ich zittern werde, oder ist das nur meine Meinung?
Es ist nur meine Meinung. Ich kann nicht in die Zukunft schauen.

b) Ist es wahrscheinlich, daß ich zittern werde, oder nur möglich?
Es ist wahrscheinlich, da ich bis jetzt in solchen Situationen schon häufig gezittert habe.

c) Ist es eine Katastrophe, wenn die anderen sehen, daß ich zittere?
Nein, erstens weiß ich nicht, ob die anderen das sehen. Aber selbst wenn sie es sehen, sehen sie lediglich mein Zittern. Das ist keine Katastrophe, sondern höchstens unangenehm. Mein Leben kommt dadurch nicht in Gefahr. Zittern ist

etwas Menschliches.

d) Kann ich damit umgehen, wenn die anderen mich auf mein Zittern ansprechen würden?
Ich kann darüber bestimmen, wie ich mit der Situation umgehe.
Ich kann den anderen sagen, daß ich nervös bin. Ich kann den anderen sagen, daß ich Angst davor habe, daß sie mein Zittern sehen. Ich darf zittern, da ist nichts Schlimmes dabei.

3. Gehen Sie ein Risiko ein

Wenn Sie Ihre angstmachenden Gedanken hinterfragt und verändert haben, müssen Sie ein Risiko eingehen. Sie müssen die Dinge tun, vor denen Sie Angst haben, und bereit sein, der "Gefahr" ins Auge zu sehen. Sie müssen dies tun, obwohl Ihr Gefühl Ihnen noch immer sagt: „Es ist gefährlich, das zu tun".

Ihre Angst wird noch eine Weile bleiben. Sie wird als letztes verschwinden. Wenn wir lernen, Auto zu fahren oder zu reiten, ist das für die meisten von uns relativ leicht einzusehen. Wir stellen uns nicht vor den Fahrlehrer und sagen: „Ich warte bis meine Angst weg ist, dann steige ich ins Auto". Wir steigen mit Angst und all unserer Unsicherheit ins Auto. Mit der Zeit und der Übung verschwindet die Angst dann allmählich.

Anders ist es, wenn es darum geht, Risiken im Zusammenhang mit Menschen einzugehen, so etwa, wenn es darum geht, Geld zurückzufordern, jemandem einen Wunsch abzuschlagen, eine Einladung abzulehnen. Hier machen wir uns Angst, abgelehnt zu werden, und hören auf unsere Angst. Wir vermeiden und gehen kein Risiko ein.

Wenn wir jedoch das Risiko eingehen, haben wir die Chance, *manchmal* etwas zu gewinnen. Gehen wir das Risiko nicht ein, werden wir *fast niemals* etwas gewinnen. Machen Sie eine Gewinn/Verlust-Rechnung auf. Was würden Sie gewinnen, wenn Sie trotz Angst in die Situation gehen? Was würden Sie verlieren, wenn Sie sie meiden?

Unser Leben besteht aus Risiken. Wenn wir Angst haben, abgelehnt zu werden, werden wir niemals einen Partner finden oder unsere

Meinung sagen. Wenn wir in der Partnerschaft niemals unsere Wünsche äußern oder die Meinung sagen, werden diese auch nur äußerst selten oder nie erfüllt werden.

Hören Sie auf, sich vorzumachen, daß eine Ablehnung lebensgefährlich ist. Gehen Sie stattdessen das Risiko ein. Hören Sie auf, sich vorzumachen, daß ein Fehler lebensgefährlich ist. Es ist wichtiger, daß Sie etwas tun, als daß Sie es gut tun. Sie brauchen nicht zu warten, bis Sie perfekt sind.

Es ist in Ordnung, etwas schlecht zu machen. Nur so können Sie ein Meister darin werden. Fast alle Dinge im Leben müssen wir üben. Meist fangen wir damit an, daß wir sie schlecht und laienhaft tun.

Tun Sie die Dinge, vor denen Sie Angst haben, auch wenn Sie diese schlecht machen. Übung macht den Meister.

Tun Sie die Dinge, vor denen Sie Angst haben, auch wenn andere nicht davon begeistert sind. Wenn andere Sie nicht mögen, ist das lediglich deren Meinung. Die Meinung anderer sagt nichts über Ihren Wert als Mensch aus. Sie sind in Ordnung, auch wenn andere Sie nicht mögen. Es wird immer Menschen geben, die Sie nicht mögen.

Manchmal ist es sinnvoll, kleine Schrittchen zu unternehmen, wenn man ein neues Verhalten übt. Trauen Sie sich immer ein kleines bißchen mehr zu. Zerlegen Sie hierzu Ihre Angstsituation in leicht verdauliche Portionen. Ordnen Sie die Situationen nach dem Stärkegrad der Angst. Wenn Sie beispielsweise Angst haben, eine Frau anzusprechen, dann könnte das so aussehen:

1. Stufe: Blickkontakt zu einer Frau aufnehmen
2. Stufe: eine Frau anlächeln
3. Stufe: sich zu einer Frau an den Tisch setzen
4. Stufe: eine Frau ansprechen

Dann beginnen Sie, die 1. Stufe zu üben. Üben Sie solange nur diese Stufe, bis Sie keine Angst mehr haben, mit einer Frau Blickkontakt aufzunehmen. Dann üben Sie die Stufe 2, usw.

Für Gudrun sah das Risiko, das sie eingehen mußte, um ihre Angst zu überwinden, so aus: Sie mußte beim Anstoßen der Gläser am Tisch bleiben, mitanstoßen und das Risiko eingehen, daß andere ihr Zittern sehen. Nur so konnte sie erleben, daß dieses Ereignis keine

Katastrophe ist. Sie mußte dieses Risiko mehrmals eingehen, bis sie keine Angst mehr verspürte.

4. Machen Sie Entspannungsübungen

Wenn wir etwas als gefährlich ansehen, beginnen wir automatisch schneller zu atmen. Die Folge davon ist, daß wir mehr Sauerstoff in unser Blut bekommen und nervöser werden. Wir können unsere Angst wieder reduzieren, indem wir bewußt Entspannungsübungen machen. Eine Entspannungsübung, die wir empfehlen, ist die Entspannungstechnik, die wir in Kapitel 3 beschrieben haben. Wenden Sie, wann immer Sie ängstlich und angespannt sind, diese Atemübung an.

5. Machen Sie Vorstellungsübungen

Wir können unsere Gefühle und unser Verhalten ändern, indem wir in der Realität und in der Vorstellung üben. Vorstellungsübungen sind ein effektiver und sicherer Weg, Ängste abzubauen.

Entspannen Sie sich zunächst mit der Entspannungstechnik. Dann stellen Sie sich die Situation, in der Sie weniger Angst haben wollen, lebendig in allen Einzelheiten vor. Stellen Sie sich vor, wie Sie ruhig bleiben, und sagen Sie sich Ihre neuen Gedanken, die Sie mit den vorherigen Fragen erarbeitet haben. Sehen Sie sich Ihr neues Verhalten ausführen.

Wenn Sie während der Vorstellungsübung Angst bekommen, machen Sie die Entspannungstechnik und stellen sich eine angenehme Situation vor. Machen Sie die Vorstellungsübung mindestens 3 Mal täglich für 5 Minuten.

> Gudrun hatte sich in ihrem Fall vorgestellt, wie sie mit ihren Freunden im Lokal sitzt. Alle erheben die Gläser und sie erhebt ihr Glas ebenfalls. Sie sieht sich dabei ruhig und sagt sich: „Ich darf zittern. Zittern ist etwas Menschliches".

Wenn Sie wollen, können Sie Ihre Vorstellungsübungen nach der Schwierigkeit ordnen. Machen Sie sich hierzu eine Liste. Schreiben Sie auf die 1. Stufe die Situation, die Sie sich noch am wenigsten schwierig vorstellen, auf Stufe 2 die nächstfolgend schwere bis zur schwierigsten

Situation.

Dann beginnen Sie, sich die Situation von Stufe 1 vorzustellen. Üben Sie diese Situation so lange, bis Sie sich diese drei Male hintereinander ruhig und entspannt vorstellen können. Dann stellen Sie sich die Situation von Stufe 2 vor, usw. bis Ihnen auch die schwierigste Situation keine Angst mehr auslöst.

6. Wenden Sie Belohnung und Bestrafung an

Da es zunächst Überwindung kostet, sich der Angst entgegen zu verhalten, empfiehlt es sich, sich für seine Bemühungen zu belohnen. Loben Sie sich nach jedem kleinen Schrittchen, das Sie gemacht haben. Kaufen Sie sich Blumen, laden Sie sich ins Kino ein, machen Sie einen schönen Spaziergang, etc. Spendieren Sie sich einen Urlaub, wenn Sie Ihr Ziel erreicht haben.

Auch Bestrafung hat sich bei vielen Menschen als Ansporn bewährt. Verbieten Sie sich, fernzuschauen, die Zeitung zu lesen oder das zu tun, was Sie am liebsten mögen, immer dann, wenn Sie vermieden oder nicht geübt haben.

Alle Mittel sind recht, wenn Sie dadurch angespornt werden, und Sie niemandem schaden. Ziel ist es, daß Sie schnellstmöglich neue Gewohnheiten entwickeln. Wenn Sie diese entwickelt haben, brauchen Sie keinen Ansporn mehr.

Ein paar Stolpersteine

- Wenn Sie Ihre Ängste überwinden wollen, wird die Angst zunächst größer werden, je näher Sie an die Situation kommen, in der Sie Angst empfinden.
- Wenn Sie darauf warten, daß die Angst verschwindet und Ihnen danach zumute ist, sich mutiger zu verhalten, werden Sie ewig warten. Ihre Angst verschwindet als letztes. Das ist der übliche Verlauf des Umlernprozesses.
- Ihre Angst ist die Folge Ihrer Gedanken und nicht die Ursache. Die Angst kommt, weil Sie sich angstauslösende Gedanken machen, und

nicht, weil die Situation tatsächlich gefährlich ist. Lassen Sie sich nicht durch Ihr Gefühl verwirren.

- Achten Sie auf kleine Fortschritte. Haben Sie sich weniger lange, weniger stark oder weniger häufig geängstigt? Auch das ist ein Fortschritt!

7. Sprechen Sie sich folgenden Text auf Band und hören Sie ihn für die nächsten 30 Tage täglich an. So lernen Sie rascher, Ihre Angst vor Ablehnung und Versagen zu überwinden:

„Ein neuer Tag hat begonnen. Ich werde diesen Tag zu einem schönen Tag für mich machen und ihn mit einem Lächeln beginnen. Gleichgültig, wie schlecht das Gestern gewesen sein mag, es ist aus und vorbei. Was zählt, ist der heutige Tag.
Wenn ich auch nicht vorhersehen kann, was mir der heutige Tag alles bringen wird, so weiß ich eines doch gewiß: Nichts kann so schlimm sein, daß ich damit nicht fertig werde. Mache ich einmal einen Fehler, oder laufen die Dinge nicht so, wie ich mir das vorgestellt habe, dann bleibe ich ganz ruhig und denke daran, daß Fehler zwar bedauerlich sind, aber keineswegs furchtbar.
Als Mensch werde ich, solange ich lebe, immer Fehler machen. Statt mich dafür zu kritisieren und mich schlecht zu machen, werde ich ruhig und gewissenhaft nach den Ursachen suchen und so aus ihnen lernen.
Wenn mir heute im Laufe des Tages etwas gut gelingt, dann werde ich mich dafür loben und mich darüber freuen. Und es gibt immer etwas, worüber ich mich freuen kann.
Die Menschen, denen ich heute im Laufe des Tages begegnen werde, sind für mich nicht gefährlich. Es ist sehr unwahrscheinlich, daß sie mir körperlichen Schaden zufügen werden. Wenn sie nur negativ über mich denken, werde ich es nicht erfahren. Wenn sie Negatives über mich sagen, dann kann mir das nichts anhaben. Das sind nur Worte, nur Meinungen der anderen. Meinungen können mich weder verändern, noch mir wehtun. Ich bleibe immer gleich. Ich akzeptiere mich so, wie ich bin. Ich mag mich, auch wenn andere mich nicht mögen. Ich bin liebenswert, so wie

ich bin.

Andere haben das Recht, zu tun und zu sagen, was sie sagen. Sie müssen sich nicht um mich kümmern und nett zu mir sein, damit ich mich wohlfühlen kann. Ich bestimme, wie ich mich fühle.

Während meiner Arbeit erinnere ich mich daran, daß ich ein fehlerhafter Mensch bin. Wenn ich Fehler mache, werde ich das ruhig akzeptieren und nach ihren Ursachen suchen. So kann ich am ehesten verhindern, daß mir ein Fehler zweimal unterläuft, und ich fühle mich wohl. Es ist zwar bedauerlich, einen Fehler zu machen, aber bestimmt ist es keine Katastrophe. Das Schlimmste, was ich mir vorwerfen kann, ist, daß ich, wie jeder andere Mensch auch, ein fehlerhafter Mensch bin. Gleichgültig, was andere von mir denken werden, es ändert sich daran nichts.

Ich bin für mich der wichtigste Mensch in meinem Leben, denn ich kontrolliere mein Leben. Deshalb werde ich so oft wie möglich lächeln und mich wohlfühlen. Manchmal wird mir das nicht so gut gelingen. Das zeigt dann nur, wie sehr ich es schon gewohnt bin, mich schlecht zu behandeln. Ich werde mich dann besonders anstrengen, mich gut zu fühlen.

Ich habe die Chance, diesen Tag zu einem schönen Tag für mich zu machen. Ich werde sie nutzen und mir damit einen Gefallen tun."

Angst vor der Angst und vor Panikattacken

In den letzten Jahren kommen immer mehr Menschen in unsere Praxis, deren Geschichte sich gleicht. Sie klagen darüber, daß es ihnen eines Tages aus heiterem Himmel übel geworden sei, ihr Herz begonnen habe zu rasen, Schweißausbrüche aufgetreten seien. Dies habe dazu geführt, daß sie von nun an immer häufiger diese Symptome bekommen hätten. Der Arzt habe jedoch nichts am Herz oder dem Magen feststellen können.

Diese Störung wird als Paniksyndrom bezeichnet. Meist treten die Symptome in Situationen auf, in denen die Betroffenen keine Kontrolle haben wie z.B. im Stau, im Kaufhaus, im Theater, in der Schlange an der Kasse, beim Frisör, Zahnarzt oder im Lift.

Es sind Situationen, in denen sie keine schnelle Hilfe holen oder nicht schnell die Flucht ergreifen können. Die Betroffenen suchen nach Erklärungen für ihre Symptome. Kann der Arzt nichts finden, erklären sie sich ihre Symptome mit der Situation. Sie beginnen, bestimmte Situationen zu meiden und stellen sich im Geiste immer wieder vor, wie schlimm es wäre, noch einmal solche Symptome zu bekommen.

Zwei Fragen beherrschen das Leben der Betroffenen: „Werde ich wieder einen Panikanfall bekommen?" und „Wie kann ich ihn verhindern?". Hierdurch treten die Symptome immer häufiger auf und sie werden immer mehr verunsichert. Sie ziehen sich immer mehr aus dem aktiven Leben zurück oder versuchen über die Einnahme von Beruhigungsmitteln ihren Alltagsablauf aufrechtzuerhalten.

Um den Ablauf noch einmal ganz deutlich zu machen:

A: Situation
Meist in einer Phase körperlicher und/oder seelischer Erschöpfung und Anspannung erlebt der Betroffene in einer Situation, die er nicht kontrollieren kann, einen Schwächeanfall oder eine Kreislaufstörung.

B: Bewertung
Gefahr, jetzt ist alles aus.

C: Gefühl und Verhalten
Panik, Flucht

In Folge davon meidet er diese und ähnliche Situationen, in denen dieser erste Anfall aufgetreten ist. Er beginnt, Kontrollmaßnahmen zu ergreifen, um nie mehr in diesen für ihn als bedrohlich erlebten Zustand zu geraten. Im Geiste wiederholt er sich immer wieder diese erste traumatische Situation und überlegt, wo sie in Zukunft wieder auftreten könnte. So erzeugt er sich immer häufiger diese Panikgefühle, die dann schließlich auch zuhause im Sessel auftreten, wenn er an die Situation denkt.

Wiederum sind es seine Gedanken, die die Panikgefühle erzeugen, und nicht die Situation. Die Verarbeitung dieses ersten Erlebnisses erzeugt die Probleme, nicht die Tatsache, daß ihm übel geworden ist. Er will mit aller Macht vermeiden, daß ihm jemals nochmals so „was Schlimmes" passiert, und erreicht dadurch gerade das Gegenteil. Durch sein intensives geistiges Beschäftigen mit der Situation treten die Symptome immer häufiger auf.

Wie Sie mit der Angst vor Panikattacken umgehen können

1. Lassen Sie sich ärztlich durchchecken, um sicher zu gehen, daß keine körperlichen Ursachen vorliegen. Hüten Sie sich jedoch davor, von einem Arzt zum anderen zu laufen. Wenn zwei Ärzte keine körperlichen Ursachen festgestellt haben, genügt es.

2. Machen Sie sich deutlich, daß Sie Ihre Panikgefühle selbst erzeugen. Wenn Sie an die Situationen denken und sich ständig suggerieren, daß Sie auf keinen Fall die Symptome bekommen dürfen, weil Sie nicht damit umgehen können, werden Sie Angst bekommen. Solange Sie Katastrophengedanken haben, müssen Sie Angst empfinden. Überprüfen Sie Ihre Gedanken mit dem ABC und den zwei Fragen für gesundes Denken.

3. Unterbrechen Sie Ihre Meidung. Begeben Sie sich in die Situationen, vor denen Sie sich fürchten. Sie erzeugen Ihre Angstgefühle selbst und können sie auch überwinden. Erst wenn Sie wieder in die Situationen gehen, werden mit der Zeit die Angstgefühle verschwinden.

4. Erwarten Sie ihre Angst, akzeptieren Sie diese für den Augenblick und begegnen Sie ihr:
   „Ich habe dich erwartet. Du mußt in dieser Situation auftauchen. Mein Herzstechen, meine Übelkeit, mein Schwindel, meine Angstgefühle müssen kommen, weil ich sie mir antrainiert habe. Es besteht keine Gefahr. Sie werden wieder verschwinden. Ich mache jetzt die Entspannungstechnik und konzentriere mich auf

meinen Atem. Dann werde ich ruhiger werden. Ich kann mit meiner Angst umgehen".

5. Setzen Sie Vorstellungsübungen ein, in denen Sie sich lebendig die Situation, vor der Sie Angst haben, vorstellen. Sehen Sie dann, wie Sie sich die mit Hilfe der zwei Fragen für gesundes Denken korrigierten Gedanken vorsagen und ruhiger werden.

6. Gehen Sie erst aus der Situation, wenn Sie sich ruhiger fühlen.

Wenn Sie sich umfassender über das Thema Ängste informieren möchten, wenn Sie beispielsweise erfahren möchten, wie Sie mit der Angst vor engen Räumen, Fahrstühlen oder Tunnels umgehen können, dann ist das Buch von Doris Wolf <Ängste verstehen und überwinden> genau das richtige für Sie.

7
„Ich hätte das nicht tun dürfen" Verbannen Sie Ihre Schuldgefühle aus Ihrem Leben

Christine kam wegen starker Depressionen in Therapie. Ursache ihrer Depression waren ganz massive Schuldgefühle. Sie warf sich vor, in der Erziehung ihres nunmehr 19jährigen Sohnes versagt zu haben. Sie verurteilte sich aufs Schärfste dafür, daß sie ihren Sohn in der Kindheit so verwöhnt hatte und ihm das Leben so leicht gemacht hatte. Sie gab sich nun die Schuld, daß ihr Sohn so bequem und faul sei, keine beruflichen Ziele nach dem Abitur habe und sich einfach treiben ließ.
Auf die Frage, warum sie ihren Sohn so überbehütet habe, antwortete sie: „Er ist unser einziges Kind und ich wollte doch nur das Beste für ihn. Ich wollte, daß er es einmal leichter hat als wir". Auf meine Frage, ob sie manchmal daran gezweifelt habe, daß ihr Erziehungsverhalten richtig sei, antwortete sie: „Ja, manchmal schon, das ist ja das Schlimme. Ich hätte ihn nicht so bemuttern dürfen. Das war falsch".
Auf meine Frage, warum sie es trotzdem weitergemacht habe, antwortete sie: „Ich dachte, daß er noch früh genug den Ernst des Lebens erfahren würde. Ich wollte ihm eine unbeschwerte Kindheit geben".

Ist das nicht tragisch? Da ist eine Mutter, die ihr Bestes gegeben hat, die ihren Sohn mit den besten Absichten umsorgt hat und sich nun dafür verurteilt, daß sie ihr Bestes gegeben hat.

Christines Verhalten ist in vielerlei Hinsicht typisch für Menschen, die sich Schuldgefühle machen. Mehr dazu später. Schauen wir uns zunächst einmal an, was das überhaupt ist, ein Schuldgefühl.

Was sind Schuldgefühle?

Ein Schuldgefühl ist kein Gefühl wie Freude oder Angst. Wenn wir von Schuldgefühlen sprechen, dann meinen wir damit den Gedanken:

„Ich bin schuld daran, daß ...".

Dieser Gedanke führt dann zu einem schlechten Gefühl, das die meisten Menschen als ein Schuldgefühl bezeichnen.

Wenn wir uns Schuldgefühle machen, dann geben wir uns die Schuld für etwas, was wir getan oder gesagt haben, (aber glauben, nicht hätten tun dürfen), oder für etwas, was wir versäumt haben, (aber glauben, nicht hätten versäumen dürfen).

Die meisten Menschen verurteilen aber nicht nur ihr "Fehlverhalten", wie etwa ihre überbehütende Erziehung. Sie gehen noch einen Schritt weiter, und dieser Schritt ist das eigentlich Schädliche und Ungesunde an Schuldgefühlen. Die meisten Menschen verurteilen sich als Menschen für ihr schlechtes Verhalten und bezeichnen sich als Versager, Niete, Null, minderwertig, wertlos, schlechte Mutter, usw.

Wenn wir uns also Schuldgefühle machen, dann verurteilen wir nicht nur unser Verhalten, sondern gleichzeitig auch uns als Menschen.

Woher kommt es, daß Menschen so hart mit sich ins Gericht gehen?

Die Ursachen für ein solches Verhalten liegen in der Art und Weise, wie Eltern ihre Kinder erziehen. Leider betrachten viele Eltern Schuldgefühle als ein geeignetes Erziehungsmittel. Sie sagen Dinge wie: „Du bist ein schlechter Junge, deiner Mutter so weh zu tun", „Du bist schuld, wenn ich noch krank werde. Dann wird es dir schon leid tun, daß du so unartig warst", „Du bist ein böses Mädchen. Warum enttäuschst du uns nur so?", „Wir tun alles für dich und du bist so gemein zu uns".

Sicherlich sagen die meisten Eltern solche Dinge nur in der Absicht, ihren Kindern eine gute Erziehung mit auf den Weg zu geben. Aus Unwissenheit wählen sie jedoch ein Mittel, das ihren Kindern eher schadet, als nützt.

Bestimmt haben Sie von Ihren Eltern ähnliche Worte in Ihrer Kindheit gehört. Die meisten Kinder nehmen sich solche Worte sehr zu Herzen. Da sie noch nicht in der Lage sind, den Worten ihrer Eltern kritisch gegenüberzustehen, übernehmen sie das vernichtende Urteil ihrer Eltern.

Kinder lernen diese Lektion sehr rasch. Sie lernen: „Tue ich etwas

Schlechtes oder Verbotenes, dann bin ich ein schlechter und nicht liebenswerter Mensch und muß mich dafür verurteilen und schämen".

Diese Kinder lernen aber auch, daß man stets die Wünsche und Erwartungen anderer Menschen erfüllen muß. Tut man das nicht, dann wird man abgelehnt und verurteilt; und wer möchte das schon? Auf diese Weise wachsen unsichere und ängstliche Menschen heran, die von der Meinung ihrer Mitmenschen abhängig sind. Ist man erwachsen, flammen diese Schuldgefühle stets dann auf, wenn man glaubt, andere Menschen enttäuscht zu haben. Dann kommt die ganze Selbstverurteilungsmaschinerie in Gang.

„Muß man sich denn nicht schlecht fühlen, wenn man falsch gehandelt hat?"

Nein, Schuldgefühle sind vollkommen überflüssig und sinnlos. Auch wenn wir unsere eigene "Schlechtigkeit" noch so sehr beklagen, können wir vergangenes Verhalten nicht mehr ändern. Wir können das Rad der Geschichte nicht mehr zurückdrehen und etwas ungeschehen machen. Was für einen Sinn haben diese Schuldgefühle also? Viele Menschen meinen, daß man sich Schuldgefühle machen müsse, weil man sonst alle Hemmungen über Bord werfen und sich zügellos und skrupellos verhalten würde.

Wir sind anderer Meinung. Menschen, die sich falsch verhalten, tun das in der Regel nicht bewußt. Wenn sie genau wüßten, was sie mit ihrem Verhalten anrichten, dann würden sie es sehr wahrscheinlich nicht tun, oder? Hätte Christine von Anfang an gewußt, daß sie ihrem Sohn mehr schadet, als nützt, wenn sie sich so stark um ihn kümmert, dann hätte sie es sicherlich nicht getan. Was nutzt es ihr nun, wenn sie sich Schuldgefühle macht?

Aus unserer psychotherapeutischen Praxis kennen wir Menschen, die wiederholt kleine Straftaten begehen, wie im Supermarkt etwas mitgehen lassen, usw. Diese Menschen machen sich Schuldgefühle über Schuldgefühle und tun es doch wieder. Offensichtlich sind Schuldgefühle also kein geeignetes Mittel, um etwas Verbotenes oder Schlechtes zu unterlassen. Bestrafung oder Sühne ist in den seltensten Fällen geeignet, Menschen zu ändern.

Ja, Schuldgefühle sind manchmal sogar eine Entschuldigung dafür, etwas immer wieder zu tun. Alkoholabhängige Menschen machen sich in der Regel viele Schuldgefühle. Sie wissen, daß sie sich und ihrer Familie durch ihr Trinken schaden. Ihre Schuldgefühle hindern sie jedoch nicht daran, weiterzutrinken. Im Gegenteil: Ihre Schuldgefühle sind ihnen so unangenehm, daß sie diese mit erneutem Alkoholgenuß zu ertränken versuchen. Auch haben Schuldgefühle oft die Aufgabe, nicht mit dem Trinken aufhören zu müssen, und dennoch vor sich und anderen als verantwortungsbewußt dazustehen.

Ein reifes und verantwortungsvolles Handeln benötigt nicht solche Inquisitionsmaßnahmen wie Schuldgefühle. Ja, wir würden sogar sagen, daß man nur dann verantwortungsvoll handeln kann, wenn man sich nicht mit Schuldgefühlen geißelt. Es erfordert sehr viel mehr Stärke, sich und anderen seine Fehler einzugestehen, als sich dafür unauffällig und insgeheim zu bestrafen. Menschen, die sich Schuldgefühle machen, neigen nämlich eher dazu, ihre Fehler geheimzuhalten, da sie ihrer Meinung nach damit zeigen würden, was sie doch für schlechte und moralisch verkommene Subjekte sind.

Verstehen Sie uns nicht falsch. Es geht nicht darum, alles gutzuheißen, was man tut. Ganz und gar nicht. Es ist in Ordnung, wenn man sein *Verhalten* oder das der anderen verurteilt. Niemandem ist jedoch damit gedient, wenn man sich als *Mensch* verurteilt und hinrichtet. Das ist ein großer Unterschied.

Sich keine Schuldgefühle zu machen, ist auch nicht gleichbedeutend damit, uneinsichtig, herzlos, rücksichtslos, gefühllos oder unbelehrbar zu sein.

Nichts von alledem ist wahr. Das behaupten nur unsere Peiniger, die mit diesen Worten eines beabsichtigen: uns Schuldgefühle einzureden und dadurch gefügiger zu machen.

Schuldgefühle sind nämlich ein wunderbares Mittel, um andere Menschen zu manipulieren. Wenn es Ihnen gelingt, daß sich Ihr Partner über sein Verhalten Schuldgefühle macht, dann ist er eher geneigt, das zu tun, was Sie von ihm verlangen. Er will ja sein schlechtes Verhalten Ihnen gegenüber wiedergutmachen. Nicht, daß es schlecht wäre, etwas gutmachen zu wollen. Nein. Nur stehen wir auf dem Standpunkt, daß das freiwillig geschehen sollte und nicht, weil man ein schlechtes

Gewissen hat und meint, etwas gutmachen zu müssen. Wenn, sollte es "von Herzen und durch Einsicht" geschehen und nicht, weil man sich dazu gezwungen sieht.

Es gibt immer gute Gründe, warum Menschen das Falsche tun, versagen oder sich daneben benehmen. Diese Gründe sind jedoch eher Anlaß, sich und anderen zu verzeihen, als sich und andere zu verurteilen.

Die häufigsten Gründe sind Unwissenheit oder mangelnde Erfahrung und seelische Probleme. Schauen wir uns diese Gründe einmal etwas näher an.

Unwissenheit und mangelnde Erfahrung

Viele Eltern, meist sind es die Mütter, machen sich wegen der Erziehung ihrer Kinder Schuldgefühle. Wenn ihre Kinder auf die schiefe Bahn geraten, in der Schule nicht mitkommen, Drogen nehmen oder in ihrem Verhalten gestört sind, dann machen sie sich für das Verhalten ihrer Kinder verantwortlich und verurteilen sich für ihre vermeintliche Unfähigkeit. Ich habe bisher keine Gruppe von Erwachsenen kennengelernt, die hartnäckiger an ihren Schuldgefühlen festhalten als Mütter.

Christine haben Sie ja schon kennengelernt. Sie hatte als Mutter ihr Bestes gegeben, hatte die besten Vorsätze und Absichten und verurteilte sich nun auf das Schärfste für ihr Verhalten. Wäre Christine all die Jahre davon überzeugt gewesen, daß sie ihrem Sohn keinen guten Dienst mit all ihrer Fürsorge erweist, dann hätte sie sich sicherlich auch anders verhalten. Christine hat ihren Sohn nicht absichtlich falsch erzogen. Wie die meisten Eltern hatte Christine nie einen Kursus in Kindererziehung besucht, hatte nie gelernt, wie sie ihren Kindern eine gute Erziehung geben konnte. Sie konnte nur das tun, was sie für richtig hielt, und wovon sie überzeugt war, daß es für ihren Sohn förderlich ist.

Niemand kann etwas tun, was er nicht gelernt hat. Da die meisten Eltern keine oder nur wenig Erfahrung auf dem Gebiet der Kindererziehung haben, bleibt es nicht aus, daß sie Fehler machen.

Fordern Sie auch im nachhinein von sich: „Ich hätte wissen müssen, daß es falsch ist", „Ich hätte diesen Fehler nicht machen dürfen", „Ich hätte im vorhinein wissen müssen, daß es sich als falsch herausstellt"?

Wenn ja, dann sind Sie wie Christine ein Kandidat für Schuldgefühle. Sie fordern jedoch etwas Unmögliches. Kein Mensch kann in die Zukunft schauen. Kein Mensch kann hundertprozentig wissen, was morgen sein wird. Deshalb können Sie auch nicht wissen, ob Ihre Entscheidungen, die Sie heute treffen, sich morgen als richtig erweisen.

Wir alle können immer nur von dem ausgehen, was wir in diesem Moment wissen. Da wir als Menschen jedoch unvollkommen und fehlerhaft sind, treffen wir von Zeit zu Zeit falsche Entscheidungen. Sie können daran arbeiten, Ihre Fehler gering zu halten, aber es wird Ihnen nie gelingen, perfekt zu sein. Deshalb ist es unsinnig, wenn Sie von sich Perfektion und Fehlerlosigkeit fordern.

„Schön und gut, aber das ändert doch nichts daran, daß Christine schuld daran hat, wenn ihr Sohn Schwierigkeiten hat."

Nicht ganz. Mütter neigen in starkem Maße dazu, sich für das Verhalten ihrer Kinder verantwortlich zu machen. Sie übernehmen mehr Verantwortung, als sie haben.

Sicherlich hat Christine mit dazu beigetragen, daß ihr Sohn heute etwas unselbständig ist und sich eher treiben läßt. Ihr Sohn ist jedoch erwachsen und damit für sich und sein Verhalten verantwortlich. Ihr Sohn würde es sich sehr einfach machen, wenn er seine Trägheit und mangelnde Unternehmungslust seiner Mutter in die Schuhe schieben würde. Er ist kein Baby mehr, das der Fürsorge und Pflege seiner Mutter bedarf. Auch wenn er es vielleicht etwas schwerer im Leben hat als andere, die selbständiger erzogen worden sind, so liegt dennoch die Verantwortung für sein Tun in seinen Händen.

Vor vielen Jahren wurden im Rahmen einer Untersuchung eineiige Zwillinge befragt. Der Vater eines Zwillingspaares war Alkoholiker. 20 Jahre später hat man die Zwillinge nochmals aufgesucht und befragt.

Der eine hatte eine angesehene Position in einer Firma, während der andere wie sein Vater zum Alkoholiker geworden war. Beiden Zwillingen stellte man die gleiche Frage: „Wie kommt es, daß Sie zu dem geworden sind, was Sie heute sind?". Beide Zwillinge antworteten genau das gleiche: „Was kann man anderes erwarten bei einem Vater wie dem meinen?". Sie sehen: Während der eine seinen Vater für seine Erfolglosigkeit verantwortlich machte, fühlte sich der andere geradezu angespornt, nicht so zu werden wie sein Vater. Jeder Mensch hat die Verantwortung für sein Leben.

Selbst wenn Christine die alleinige Schuld treffen würde, so wäre es dennoch unangebracht für sie, sich Schuldgefühle zu machen. Durch ihre Schuldgefühle macht sich Christine nämlich so depressiv, daß sie nicht in der Lage ist, ihren Fehler auszubügeln. Geht sie jedoch realistisch mit diesem Problem um, d. h. gesteht sie ihren Fehler ein, ohne sich dafür abzuwerten, dann ist sie in der Lage, ihrem Sohn dabei behilflich zu sein, besser auf seinen eigenen Beinen zu stehen.

Wie man es also dreht und wendet: Schuldgefühle helfen niemandem. Sicherlich ist es schade und bedauerlich, daß Christine diesen Fehler gemacht hat, aber warum sollte sie diesen Fehler nicht machen?

„Weil es für ihren Sohn besser gewesen wäre", mögen Sie nun antworten. Ich gebe Ihnen recht. Aber nur weil es für Christines Sohn besser gewesen wäre, heißt das deshalb, daß sie keinen Fehler machen darf?

Nein. Das wäre genauso, als würden Sie sagen: „Weil ich am kommenden Wochenende mit meiner Familie einen Ausflug ins Grüne machen will, darf es nicht regnen".

Wenn Sie aufgrund mangelnder Erfahrung oder Unwissenheit einen Fehler machen, dann ist es das Beste, Sie verzeihen sich Ihre Unvollkommenheit. Es spielt dabei keine Rolle, wie groß der Schaden und wie schlimm die Folgen sind. Schuldgefühle sind in jedem Fall überflüssig.

Seelische Probleme

Vielleicht sagen Sie nun: „Schön und gut. Ich sehe ein, daß man nicht alles vorhersehen und wissen kann, und daß es deshalb auch unsinnig ist, sich Schuldgefühle zu machen. Aber wenn jemand etwas tut und gleichzeitig weiß, daß sein Verhalten nicht in Ordnung ist, dann ist das doch zu verurteilen, und der Betreffende muß sich schuldig fühlen".

Alle Menschen haben mehr oder weniger große seelische Probleme. Bedingt durch diese Schwierigkeiten sind sie nicht immer in der Lage, sich so zu verhalten, wie es für sie und andere am besten wäre.

Fahren Sie beispielsweise leicht aus der Haut, wenn etwas nicht nach Ihren Wünschen verläuft, und schreien Sie Ihre Kinder an, wenn diese nicht gehorchen, dann ist das bedauerlich. Wenn Sie sich nun deshalb Schuldgefühle machen, dann nützt das weder Ihren Kindern noch Ihnen etwas. Verantwortlich für Ihre vielleicht unangemessene Reaktion war Ihre Unfähigkeit, mit Frustrationen umzugehen. Wenn Sie nun von sich fordern: „Ich hätte das nicht tun dürfen", dann fordern Sie etwas Unmögliches. Wenn Sie sich leicht und schnell ärgern, ist es so gut wie unmöglich, daß Sie sich zunächst anders verhalten können. Erst, wenn Sie gelernt haben, auf Frustration anders als mit Ärger zu reagieren, sind Sie in der Lage, sich Ihren Kindern gegenüber anders zu verhalten.

Nun können Sie natürlich einwenden, dieses Problem nicht haben zu dürfen, aber auch hier gilt das gleiche. Sie fordern etwas Unmögliches. Sie haben nun mal dieses Problem im Moment, und es ist besser, Sie akzeptieren es solange, bis Sie anders mit Ihren Kindern umgehen können. Konzentrieren Sie sich darauf, Ihr Problem zu lösen, anstatt sich Schuldgefühle zu machen.

Gerade für den Bereich der Kindererziehung und der Partnerschaft nehmen sich viele Erwachsene vor, „es besser als ihre Eltern zu machen". Sie wollen sich mehr Zeit für die Kinder nehmen, geduldiger sein, weniger Streit mit dem Partner haben, usw. Doch diese Entscheidung, es besser zu machen als die Eltern, macht sie noch nicht zu besseren Eltern und Partnern. Ohne geduldig neues Verhalten einzuüben, reagieren sie immer wieder in der von den Eltern vermittelten Art und Weise. Schuldgefühle „danach" helfen auch nicht.

Die meisten seelischen Probleme kommen nur daher, weil die Menschen unrealistische Forderungen stellen, die sie und andere nicht einhalten können. Würden die Menschen aufhören, von sich und anderen Vollkommenheit zu fordern, wären Psychotherapeuten nahezu überflüssig.

Christine machte sich noch aus einem anderen Grund Schuldgefühle. Aufgrund ihrer depressiven Verstimmungen war sie nicht mehr in der Lage, wie früher den Haushalt zu bewerkstelligen. Sie war oft müde und abgespannt, und so blieb einiges an Arbeiten liegen. Auch konnte sie sich ihrem Mann nicht mehr in dem Maße wie früher widmen. Nun machte sie sich Vorwürfe, daß sie eine schlechte Hausfrau und Ehefrau war, die noch nicht einmal in der Lage war, ihren häuslichen Pflichten nachzukommen. Sie warf sich vor, nun auch noch als Ehefrau zu versagen.

Auch Christine forderte etwas Unmögliches. Wenn man depressiv ist, dann hat man nicht mehr die Energie und Vitalität, um all den Dingen nachzugehen, die man früher erledigt hat, als man noch keine Probleme hatte.

Was hatte es für einen Sinn, daß sich Christine Schuldgefühle machte? Helfen ihr die Schuldgefühle, ihren Aufgaben nachzugehen? Nein! Im Gegenteil. Je mehr sich Christine Vorwürfe machte, umso schlechter ging es ihr, und umso schlechter ging ihr die Arbeit von der Hand.

Sie sehen: Wenn Sie sich Schuldgefühle machen, dann tun Sie niemandem einen Gefallen damit, weder sich noch den anderen. Deshalb sagen wir: Machen Sie Schluß mit Ihren Schuldgefühlen.

Sieben Wege, wie Sie Schuldgefühle aus Ihrem Leben verbannen können

1. Fragen Sie sich bei aufkommenden Schuldgefühlen: „Habe ich absichtlich so gehandelt? Wußte ich, was dabei herauskommen wird?" Ist Ihre Antwort „nein", dann denken Sie daran, daß Sie nicht in die Zukunft schauen können. Machen Sie sich klar, daß Sie zum Zeitpunkt Ihres Handelns von der Richtigkeit Ihrer Vorgehensweise

überzeugt waren. Akzeptieren Sie, daß Sie ein fehlerhafter Mensch sind, der von Zeit zu Zeit das Falsche tut.

2. Wenn Sie tatsächlich etwas Schlechtes getan haben, dann denken Sie daran, daß Sie nicht dasselbe sind wie Ihr Verhalten. Machen Sie sich klar, daß Ihr schlechtes Verhalten Sie nicht in einen schlechten Menschen verwandelt.

3. Hören Sie auf, zu sagen: „Ich hätte das nicht tun dürfen". Sagen Sie stattdessen: „Ich habe so gehandelt, weil ich es für richtig hielt. Ich bedaure, daß mir das passiert ist, aber ich kann eben nicht alles richtigmachen. Ich habe mein Bestes gegeben, was mir in diesem Augenblick möglich war. Ich kann nur nach dem handeln, was mir in diesem Augenblick einfällt und was ich bis zu diesem Augenblick an Erfahrung gesammelt habe, auch wenn es möglicherweise bessere Wege gibt".
Überlegen Sie dann, ob Sie es vielleicht wiedergutmachen können. Wenn nein, dann akzeptieren Sie ruhig Ihre Unvollkommenheit und überlegen sich, wie Sie denselben Fehler in der Zukunft vermeiden können.

4. Stellen Sie sich die Frage: „Übernehme ich Verantwortung für einen anderen Menschen?", „Übernehme ich Verantwortung dafür, wie es meinem Partner, meinem Kind, meinem Geschäftskollegen geht?". Wenn ja, dann machen Sie sich klar: „Ich kann nicht bestimmen, wie andere sich fühlen und verhalten. Ich kann nur meine Gefühle und mein Verhalten kontrollieren. Wenn andere beleidigt sind, sich durch mein Verhalten gekränkt fühlen, deprimiert sind oder sich zu ihrem Nachteil verhalten, dann bedaure ich das. Da ich jedoch nicht die Gefühle und das Verhalten der anderen Menschen kontrollieren kann, brauche ich mich auch nicht dafür verantwortlich zu fühlen. Es tut mir leid, wenn ein anderer mein Verhalten zum Anlaß nimmt, um sich darüber zu kränken oder deprimiert zu machen".
Es geht nicht darum, daß es Ihnen gleichgültig ist, wie es anderen Menschen geht. Es ist schade, wenn sich andere Menschen durch ihr eigenes negatives Denken Probleme machen. Sie können das jedoch nicht verhindern. Selbstverständlich können Sie Rücksicht nehmen,

wenn Sie wissen, daß ein anderer auf bestimmte Worte empfindlich oder allergisch reagiert. Nur Sie können entscheiden, wieviel Rücksicht Sie nehmen wollen. Gleichgültig jedoch, wie sehr Sie sich bemühen, es anderen recht zu machen, es wird Ihnen nie 100%ig gelingen. Dazu müßten Sie in die Köpfe der Leute schauen können und wissen, wie diese über eine bestimmte Sache denken. Sie müßten wissen, wie der andere eingestellt ist.

5. Streichen Sie aus Ihrem Wortschatz Worte wie: „Ich sollte ..., ich muß ... , ich darf nicht ...!".
Ersetzen Sie diese Forderungen durch Wünsche. Sagen Sie: „Es wäre besser, wenn ...". „Ich würde gerne ...". Sagen Sie sich beispielsweise: „Es wäre schön, wenn ich keinen Fehler machen würde" statt „Ich darf keinen Fehler machen".
Streichen Sie also perfektionistische Anforderungen an sich. Sie sind kein Supermann, sondern nur ein unvollkommener Erdenbürger.

6. Überlegen Sie: „Was würde ich einem anderen sagen, der zu mir kommen und mir sagen würde, er mache sich große Vorwürfe über genau dieselbe Sache, über die ich mir auch Vorwürfe mache?". Welche beruhigenden und hilfreichen Worte würden Sie dem anderen mit auf den Weg geben? Nun sagen Sie sich selbst diese Worte. Spenden Sie sich selbst mit denselben Worten Trost, mit denen Sie auch einen Freund trösten würden. Seien Sie zu sich ebenso tolerant und verständnisvoll, wie Sie es einem Freund gegenüber wären. Wenn Sie zu anderen nett und freundlich sind, dann sind Sie es auch zu sich. Das ist nur gerecht, und das wollen Sie doch sein, oder?

7. Lesen Sie die folgenden Worte einmal täglich, mindestens 30 Tage lang, durch. Sie können Ihnen helfen, sich von Ihren Schuldgefühlen zu befreien. Noch besser ist es, Sie sprechen sich den Text auf Band und hören diesen täglich an:

„Ab heute entscheide ich mich dafür, mir keine Schuldgefühle mehr zu machen. Ich weiß, daß ich ein Mensch bin und daß ich, wie alle Menschen, fehlerhaft bin. Da ich nicht in die Zukunft schauen kann, ist es mir nicht möglich, immer nur das Richtige zu tun. Ich kann immer nur aufgrund meines Wissens und meiner Erfahrungen Entscheidungen treffen. Da ich nicht vollkommen bin, tue ich manchmal das Falsche. Manchmal verhalte ich mich aber auch falsch, weil ich mich von meinen Gefühlen leiten lasse. Gleichgültig aber, aus welchen Gründen ich das Falsche tue, ich werde mich weigern, mir im nachhinein Schuldgefühle zu machen. Was geschehen ist, ist geschehen. Ich kann mein Fehlverhalten bedauern und mich bemühen, es zu korrigieren, aber ich kann es nicht rückgängig machen. Ich habe mich so verhalten, wie ich es unter den gegebenen Umständen für richtig hielt. Ich habe mein Bestes gegeben. Ich bin kein schlechter Mensch, nur weil ich mich falsch verhalten habe.

Wenn andere beleidigt, verärgert oder verletzt auf mein Verhalten reagieren, dann bedaure ich das. Ich bin jedoch nicht an den Reaktionen der anderen schuld. Diese haben sich selbst über mein Verhalten aus der Fassung gebracht.

Jeder Mensch bestimmt selbst, wie er sich fühlt. Ebensowenig, wie andere meine Gedanken und Gefühle kontrollieren können, kann ich deren Gedanken und Gefühle kontrollieren.

Auch wenn ich mich noch so sehr darum bemühe, es anderen immer recht zu machen, kann es passieren, daß diese ärgerlich werden. Ich werde ihnen dann erklären, warum ich mich so verhalten habe. Ich werde mich jedoch weigern, mir Schuldgefühle zu machen. Wenn andere mir Vorwürfe machen und mich für mein Verhalten verurteilen, dann ist das ihr gutes Recht. Es mag sein, daß sie mein Verhalten zu Recht kritisieren. In diesem Fall mache ich mir klar, daß ich nur ein fehlerhafter Mensch bin. Ich werde nicht den Fehler begehen, mich für meine Unvollkommenheit zu bestrafen, indem ich mir Schuldgefühle mache. Ich werde ruhig meinen Fehler akzeptieren und mich darum bemühen, ihn in der Zukunft zu vermeiden. Das ist alles, was ich tun kann."

Sich Schuldgefühle zu machen, ist eine sehr hartnäckige Angewohnheit. Es kann Wochen und Monate dauern, bis Sie dieses nutzlose Verhalten abgelegt haben. Haben Sie also Geduld mit sich.

8
„Alles ist so sinnlos"
Was Sie bei Depressionen tun können

Depressionen zählen zu denjenigen Problemen, weswegen die meisten Menschen einen Psychotherapeuten aufsuchen. Während bis zu den 60iger Jahren die Hilflosigkeit der Helfer ebenso groß war wie die der Betroffenen, weiß man heute schon sehr viel über die Ursachen dieser so weit verbreiteten Krankheit.

Bedauerlicherweise gibt es jedoch auch heute noch Psychotherapeuten, die sich diesen Erkenntnissen verschließen. Sie arbeiten nach veralteten und überholten Methoden, die beinahe 100 Jahre alt sind. Es sind die Psychoanalytiker, deren Therapie auf die Erkenntnisse und Methoden Freuds zurückgeht. Für jeden Arzt wäre es unverantwortlich, würde er sich den neuesten Erkenntnissen und Methoden der Medizin verschließen. Dasselbe gilt für den Psychoanalytiker und seine Methoden.

Kennzeichen einer Depression

Eine Depression ist kein einzelnes Gefühl, sondern vielmehr eine Mischung der verschiedensten Gefühle und Verhaltensweisen. Von depressiven Verstimmungen sind das Denken, Fühlen, Handeln und körperliches Befinden betroffen.

1. Denken

Das auffälligste Merkmal aller depressiven Verstimmungen ist das negative und pessimistische Denken. Die Gedanken kreisen fast unentwegt in negativer Weise um die eigene Person, die Mitmenschen und die Zukunft. Depressive Menschen quälen sich mit Selbstvorwürfen und Schuldgefühlen. Sie haben ein sehr negatives Bild von ihrer Person. Sie betrachten ihr Leben als sinnlos und glauben, nie mehr glücklich oder gesund werden zu können. Die Folge dieser negativen Gedanken sind starke negative Gefühle. Die Konzentration ist beeinträchtigt und der depressive Mensch hat Schwierigkeiten, sich etwas zu merken. Er kann sich nicht entscheiden und verbringt sehr viel Zeit mit Grübeln. Die Gedanken kreisen oft um das immer wieder gleiche Thema, etwa daß alles sinnlos oder er ein Versager ist.

2. Gefühle

Depressive Menschen empfinden nicht nur Trauer, wie sie beim Verlust eines geliebten Menschen auftritt. Trauer ist eine angemessene Reaktion auf einen Verlust, die man nach einer gewissen Zeit wieder überwindet. Anders bei Depressionen. Hier kann die Niedergeschlagenheit über sehr lange Zeit andauern, und sie kann sich im Laufe der Zeit verstärken. Die Gefühle werden immer bedrückender, immer lähmender. Hinzu kommen sehr starke Schuld- und Minderwertigkeitsgefühle, die sehr bedrängend und vorherrschend sind. Eine große Lustlosigkeit macht sich breit. Gefühle der Freude und des Befriedigtseins verkümmern, und an deren Stelle treten massive Gefühle der Unlust und der Sinnlosigkeit. Auch Angstgefühle können auftreten: Angst vor der Zukunft, Angst davor, nie wieder gesund zu werden, Angst davor, aufgrund der Belastung für die Familienmitglieder abgelehnt oder gar im Stich gelassen zu werden. Eine innere Unruhe bis hin zu starker Erregung kann es dem depressiven Menschen schwermachen, still zu sitzen. Er fühlt sich getrieben und rastlos.

3. Handeln

Depressiven Menschen ist alles zuviel, und ihnen geht alles schwer von der Hand. Sie brauchen länger für ihre Arbeit und sie schieben Arbeiten auf. Sie geben alte Hobbies und Interessen auf, weil sie an ihnen keinen Gefallen mehr finden. Sie kapseln sich ab, und ihr Kontakt zu ihrer Umwelt geht auf ein Minimum zurück.

4. Körperliches Befinden

Depressive Menschen fühlen sich schlapp und energielos. Sie können entweder sehr schlecht schlafen oder haben ein großes Schlafbedürfnis. Sie essen mehr als üblich oder leiden an Appetitlosigkeit. Auch kann die Lust auf Sexualität verlorengehen. Daneben können sich eine Reihe körperlicher Beschwerden einstellen wie Kopf-, Magen-, Rücken- und Herzschmerzen. Es kann zu Verstopfung, aber auch zu Durchfall kommen. Menschen, die sehr depressiv sind, erscheint das Aufstehen und Ankleiden am Morgen als eine beinahe unüberwindliche Aufgabe, der sie sich nicht gewachsen fühlen.

Der Teufelskreis der Depression

Das Denken, Fühlen, Handeln und das körperliche Befinden beeinflussen sich gegenseitig. So führt Ihr negatives Denken zu Gefühlen der Traurigkeit und des Unglücklichseins. Diese unguten Gefühle verleiten Sie, sich mehr und mehr von anderen zurückzuziehen. Auch ist Ihnen nicht danach, etwas zu tun, bzw. alles fällt Ihnen schwerer. Mit einem Wort: Sie werden passiv. Je weniger Sie aber tun, umso träger werden Sie und Ihr Körper, und umso mehr haben Sie den Eindruck, noch weniger leisten zu können.

Sie haben den Eindruck, anderen nur zur Last zu fallen, und verstärken so Ihr negatives Bild von sich. Aufgrund Ihrer schlechten körperlichen und seelischen Verfassung verspüren Sie keinen oder nur geringen Appetit und essen weniger. Dadurch schwächen Sie Ihren Körper und fühlen sich energielos. Oder aber sie essen übermäßig, was zu einem Völlegefühl führt. Zwangsläufig fällt es Ihnen immer schwerer, sich zu etwas aufzuraffen. Sie gewinnen mehr und mehr den Eindruck: „Ich bin zu nichts mehr zu gebrauchen". Durch solche negativen Gedanken lähmen Sie sich noch mehr und machen sich noch deprimierter. Das ist ein Teufelskreis, der Sie tiefer und tiefer in Ihre Depression führt.

Welche Arten depressiver Verstimmungen gibt es?

1. Reaktive Depression

Diese Form von Depression wird auch häufig als psychogene Depression bezeichnet. Sie tritt dann auf, wenn wir Ereignisse wie den Verlust des Partners oder der Arbeitsstelle, die Pensionierung, eine berufliche Enttäuschung, finanzielle Probleme oder eine Ablehnung seelisch nicht angemessen verarbeiten. Es sind nicht die Verlust- und

Trennungserlebnisse als solche, die uns depressiv machen, sondern die Art und Weise, wie wir mit ihnen umgehen. Diese Form depressiver Verstimmungen ist am weitesten verbreitet, d.h. die meisten Menschen, die unter Depressionen leiden, haben eine reaktive Depression - also sehr wahrscheinlich auch Sie, liebe Leserin, lieber Leser.

2. Erschöpfungsdepression

Diese Form tritt häufig bei lang andauernder psychischer Überlastung auf, etwa bei fortwährender Überlastung in der Familie oder im Beruf, bei länger anhaltenden Konflikten in der Ehe oder Familie.

3. Endogene Depression

Diesen Begriff verwendet man für Depressionen, bei denen man keine psychischen Ursachen feststellen kann, bei Depressionen also, bei denen man nicht genau weiß, woher sie kommen. Als Ursache für diese Form von Depressionen nimmt man chemische und hormonelle Faktoren an. So weiß man, daß bei manchen depressiven Menschen der Serotoninspiegel gesenkt ist. Verabreicht man diesen Menschen Serotonin, dann bessert sich die Stimmung. Unklar und überhaupt nicht geklärt ist jedoch, ob der zu geringe Serotoninspiegel die Ursache für die Depression ist, oder ob sich die Menge des Serotonins erst im Laufe der depressiven Verstimmung verringert hat. Im allgemeinen wird diese Form der Depression überwiegend mit Medikamenten behandelt.

Eine besondere Form dieser Art von Depressionen ist die manisch-depressive Form. Die Stimmung schwankt zwischen himmelhoch-jauchzend und zu Tode betrübt. Der manisch-depressive Mensch kann Tage oder gar Wochen in einer besonders euphorischen und aufgedrehten Stimmung sein, um dann von einem Tag auf den anderen in ein tiefes Loch zu fallen. Bei dieser Erkrankung ist eine medikamentöse Behandlung unumgänglich. Mit Hilfe geeigneter Medikamente lassen sich die Stimmungsextreme lindern. Eine zusätzliche psychotherapeutische Behandlung kann in solchen Fällen gute Dienste leisten.

Die allerwenigsten Menschen leiden jedoch unter endogenen Depressionen. Die weitaus am häufigsten vorkommende Form von Depressionen ist die reaktive oder psychogene Depression. Wenn Ihr Arzt Ihnen sagt, Sie würden unter einer endogenen Depression leiden, und er behandelt Sie nur mit Medikamenten, dann empfehle ich Ihnen dringend, sich an einen Psychologen zu wenden und dessen Ansicht zu hören.

Gibt es eine depressive Veranlagung?

Es ist immer wieder zu hören und zu lesen, daß es eine Veranlagung für depressive Verstimmungen gäbe. Nur, beweisen konnte das bisher noch niemand.

Die Theorie der depressiven Veranlagung wird gerne von Fachleuten vertreten, denen die Psychotherapeuten ein Dorn im Auge sind. Diese Fachleute wollen Medikamente verkaufen und haben deshalb kein Interesse daran, daß man depressive Verstimmungen auch ohne Medikamente bewältigen kann. Unserer Ansicht nach gibt es so etwas wie eine depressive Veranlagung nicht.

Wir stehen auf dem Standpunkt, daß alle depressiven Verstimmungen - mit Ausnahme der endogenen Depression - erlernt werden. Damit wollen wir ausdrücken, daß wir nicht auf die Welt kommen und dazu verurteilt sind, irgendwann einmal depressiv zu werden. Wenn Menschen deprimiert sind, dann liegt das in der Regel an der Art und Weise, wie sie gelernt haben, sich und die Welt zu sehen und zu beurteilen. Es sind die anerzogenen Maßstäbe und Wertvorstellungen, mit denen die Menschen als Erwachsene in Konflikt geraten und nicht umzugehen verstehen.

Diese Maßstäbe und Wertvorstellungen gilt es kritisch zu hinterfragen. Da sie erlernt sind, müssen wir nicht mit ihnen leben. Wenn wir herausfinden, daß sie uns nur schaden, können wir sie verändern.

Benötigen Sie die Hilfe eines Psychotherapeuten?

Je nach Schwere Ihrer depressiven Verstimmung ist es unumgänglich, daß Sie sich einem erfahrenen Psychotherapeuten anvertrauen. Auch wenn Sie keinerlei Hoffnung für sich haben oder gar daran denken, sich das Leben zu nehmen, dann sollten Sie diesen Schritt tun. Aus unserer Erfahrung und der vieler Kollegen wissen wir, daß es Hilfe für

Sie gibt, auch wenn Sie die Hoffnung schon längst aufgegeben haben. Es gibt auch Hilfe für Sie, wenn Sie schon Jahre oder gar Jahrzehnte depressiv sind.

Wenn Sie sich wegen depressiver Verstimmung in ärztlicher Behandlung befinden und Ihr Arzt verschreibt Ihnen lediglich Medikamente, dann suchen Sie unbedingt noch zusätzlich einen Psychotherapeuten auf. Medikamente alleine können eine depressive Verstimmung nicht heilen, da sie nicht an den Ursachen Ihrer Depressionen ansetzen. Sie lindern lediglich die Symptome. Medikamente sind höchstens als Unterstützung für eine Therapie sinnvoll.

Bedauerlicherweise gibt es noch viele Ärzte, die Medikamente als die einzige und wahre Behandlungsmethode ansehen. Es wird Zeit, daß diese Ärzte und die pharmazeutische Industrie begreifen, daß Medikamente kein Allheilmittel sind.

Am Ende dieses Buches haben wir für Sie eine Liste von erfahrenen Therapeuten aufgeführt. Diese können Ihnen entweder nähere Auskunft geben, wo Sie Hilfe bekommen können, oder sie können Ihnen selbst helfen.

Ein Beispiel aus unserer Praxis

Peter ist 45 Jahre alt. Er kommt wegen depressiver Verstimmungen in Therapie. Er ist ein leitender Angestellter, verheiratet und hat einen Sohn. Auf die Frage, worüber er deprimiert sei, antwortete er:

> „Ich schaffe meine Arbeit nicht mehr wie früher. Meine jüngeren Kollegen sind alle besser als ich. Die sind intelligenter und haben eine viel bessere Ausbildung. Ich gehöre zum alten Eisen. Mit mir ist einfach nichts mehr los. In der Firma tanzen mir alle auf der Nase herum, und ich kann nichts dagegen tun. Warum habe ich nur so Angst, meine Meinung zu sagen? Alles ist so hoffnungslos und sinnlos. Ich habe das Gefühl, daß ich da nie mehr rauskomme. Warum kann ich

mich nicht wie andere freuen? Alles ist für mich eine Qual. Am liebsten würde ich gar nicht mehr in die Firma gehen. Die würden mich sowieso nicht vermissen. Die wären sogar froh, wenn sie einen solchen Versager wie mich los wären."

Peters Äußerungen kreisen hauptsächlich um drei Bereiche:
1. um sich und seinen Wert als Mensch,
2. um seine momentane Lage und seine Mitmenschen und
3. um seine Zukunft.

Sicherlich geht es Ihnen ähnlich wie Peter. Auch Ihre Gedanken kreisen um:

1. Ihre Person

Sie kritisieren sich sehr viel, sind mit sich unzufrieden, machen sich klein und lassen kein gutes Haar an sich. Für vieles, was schiefläuft, geben Sie sich die Schuld. Gelingt Ihnen etwas, dann ist das nicht Ihr Verdienst, sondern Glückssache oder Zufall.

„Ich bin zu nichts zu gebrauchen."
„Ich bin ein Versager."
„Ich tauge nichts."

2. Ihre Erfahrungen

Was Sie auch erleben, für Sie ist es negativ. Sie sehen überall Probleme und unüberwindliche Schwierigkeiten. Sie fühlen sich hilflos und glauben, keine Kontrolle über sich und Ihr Leben zu haben.

„Das ist zu viel."
„Das schaffe ich nicht."
„Das ertrag´ ich nicht."
„Alles mache ich falsch."

3. Ihre Zukunft

Sie sehen Ihre Zukunft ganz schwarz. Sie glauben nicht daran, daß sich noch einmal etwas an Ihrem Zustand ändern wird.

„Ich komme nie darüber hinweg."
„Ich bin ein hoffnungsloser Fall."

Wenn Sie Ihre Depressionen besiegen möchten, dann kommt es darauf an, daß Sie anders über sich, Ihre momentane Lage und Ihre Zukunft denken. Sie müssen sich optimistischere Gedanken machen. Durch sie werden Sie Ihre Depressionen vertreiben, wie der Wind düstere Wolken vertreibt.

Schauen wir uns einige Gedanken depressiver Menschen etwas genauer an und überprüfen wir sie mit Hilfe der zwei Regeln für gesundes Denken.

Häufig auftretende negative Gedanken depressiver Menschen

Negativer Gedanke *„Ich bin meiner Arbeit nicht mehr gewachsen. Das ist furchtbar. Ich bin zu nichts mehr zu gebrauchen."* Wenn Sie berufstätig sind, würden Sie vielleicht noch hinzufügen: *„Wenn das noch lange so weiter geht, dann verliere ich meine Arbeit, und dann ist sowieso alles aus. Das könnte ich nicht verkraften."*

1. Entspricht dieser Gedanke den Tatsachen?

Was meinen Sie? Die Antwort lautet: Ja und nein. Es mag stimmen, daß Sie Ihrer Arbeit nicht mehr gewachsen sind, daß Sie sich überfordert fühlen und länger brauchen, um die gleiche Arbeit zu erledigen. Insoweit stimmt dieser Gedanke also mit den Tatsachen überein. Wie steht es aber mit Ihrer Schlußfolgerung, daß das furchtbar ist und daß Sie zu nichts mehr zu gebrauchen sind? Ist das auch eine Tatsache? „Natürlich", werden Sie sagen. „Ich empfinde das so." Okay, Sie empfinden es so, aber heißt das auch, daß dieser Gedanke deshalb den Tatsachen entspricht?

Eine Frage: Können Sie sich vorstellen, daß es noch etwas Schlimmeres gibt als die Tatsache, daß Sie Ihrer Arbeit nicht mehr gewachsen sind? Überlegen Sie einen Moment, ehe Sie weiterlesen.

Wäre es für Sie nicht schlimmer, Ihr Partner oder ein Ihnen sehr nahestehender Mensch würde sehr krank werden oder würde gar sterben? Wäre es nicht schlimmer, Sie würden durch einen Verkehrsunfall ein Bein verlieren oder gelähmt werden? „Natürlich", werden Sie antworten. Folglich ist die Tatsache, daß Sie Ihrer Arbeit nicht mehr gewachsen sind, also nicht furchtbar. Das ist eine Übertreibung. Stimmen Sie mir zu? Richtiger wäre es, wenn Sie diese Tatsache für bedauerlich oder ärgerlich hielten.

Wenn wir etwas für furchtbar halten, dann tun wir so, als sei das die schlimmste Sache der Welt, so als sei das eine absolute Katastrophe. Dem ist jedoch nicht so. Es gibt immer noch etwas, das schlimmer und tragischer ist.

Auch Ihre Schlußfolgerung, daß Sie zu nichts mehr zu gebrauchen sind, entspricht nicht den Tatsachen. Auch wenn wir Sie nicht kennen, glauben wir nicht, daß Sie gar nichts mehr tun, daß Sie zu nichts mehr zu gebrauchen sind. Auch das ist eine Übertreibung. Richtig?

2. Hilft Ihnen der Gedanke, daß Sie Ihrer Arbeit nicht mehr gewachsen sind, daß das furchtbar ist und daß Sie zu nichts mehr zu gebrauchen sind, **sich gut zu fühlen?**
Was meinen Sie? Nein. Wenn Sie so denken, dann sind Sie noch verzweifelter, Ihre Stimmung ist noch mehr im Keller.

Sie sehen: Der Gedanke entspricht weder den Tatsachen, noch hilft er Ihnen, sich gut zu fühlen. Ein hilfreicher Gedanke könnte so aussehen:

Hilfreicher Gedanke „Ich komme meiner Arbeit nicht mehr so gut und schnell nach wie früher. Das stimmt. Das ist aber ganz normal, wenn man depressiv ist. Sobald ich aus meinem Stimmungstief heraus bin, wird mir meine Arbeit auch wieder besser von der Hand gehen. Ich helfe mir nicht, wenn ich mir einrede, daß es furchtbar ist, nicht mehr so gut mit meiner Arbeit zurechtzukommen. Wenn man sich ein Bein gebrochen hat, kann man schließlich auch nicht so gut gehen wie mit einem gesunden. So ist das auch mit meinem Tief. Statt mich dafür zu verurteilen, daß es mir schlecht geht, achte ich darauf, daß ich meine negativen Gefühle nicht noch durch negative Gedanken verstärke."

Negativer Gedanke *„Jetzt schaffst du noch nicht einmal mehr das."*

1. Entspricht der Gedanke den Tatsachen?
Es mag sein, daß Sie etwas nicht mehr können, was Sie früher konnten. So können Sie vielleicht nicht mehr lachen, tun sich sehr schwer, morgens aufzustehen, wo Sie früher keine Probleme hatten, aus den Federn zu kommen, Sie haben keinen Spaß mehr an Ihren Hobbies, Sie können sich nicht mehr so gut konzentrieren oder tun sich schwer, sich etwas zu merken. Dies alles entspricht den Tatsachen.

Mit Ihrer Bemerkung, daß Sie noch nicht einmal das mehr schaffen, wollen Sie jedoch noch etwas zum Ausdruck bringen: Sie wollen damit sagen, daß das furchtbar und eine Katastrophe ist. Richtig? Gefühlsmäßig kommt es Ihnen so vor, als sei das eine Tragödie. Ist dem aber wirklich so? Nein. Wie wir bereits bei der Überprüfung des letzten Gedankens gesehen haben, übertreiben wir maßlos, wenn wir uns einreden, etwas sei furchtbar. So ist es auch hier. Es ist keine Katastrophe, daß Sie sich Dinge nicht mehr so gut merken können wie früher. Es ist nicht furchtbar, daß Sie sich nicht mehr so richtig freuen können. Sicher. Es wäre besser und schöner, wenn Sie diese Fähigkeiten im Augenblick hätten, aber bestimmt ist ihr Fehlen keine Katastrophe - auch wenn Sie es so empfinden.

2. Hilft Ihnen der Gedanke, sich gut zu fühlen?
Nein. Sie sind noch deprimierter, können sich noch weniger freuen, sind noch verzweifelter.

Sie sehen: Auch dieser Gedanke ist kein hilfreicher Gedanke. Folglich gilt es, auch ihn aus Ihrem Denken zu verbannen. Ersetzen Sie ihn durch einen hilfreichen Gedanken wie den:

Hilfreicher Gedanke „Wenn man deprimiert ist, dann fällt einem vieles schwerer. Das ist zwar unangenehm, aber unvermeidbar. Ich erledige meine Arbeit, so gut es geht. Das ist alles, was ich im Moment tun kann. Sobald ich mich besser fühle, komme ich auch mit meiner Arbeit wieder besser klar."

Negativer Gedanke — *„Alles ist so sinnlos."*

1. Entspricht der Gedanke den Tatsachen?
Überlegen Sie einen Moment, ehe Sie weiterlesen. Nun, was meinen Sie? Tatsache ist, daß Sie so empfinden. Heißt das aber auch, daß tatsächlich alles sinnlos ist? Wenn Sie sich etwas Zeit nehmen und darüber nachdenken, dann werden Sie zu dem Schluß kommen, daß Sie damit übertreiben. Nicht alles ist sinnlos. Ist es sinnlos, daß Sie versuchen, sich selbst mit Hilfe dieses Buches zu helfen? Wenn Sie gerade mit „Ja" geantwortet haben, dann frage ich Sie: Woher wissen Sie das? Wie können Sie wissen, daß etwas sinnlos und vergebens ist, wenn Sie es noch gar nicht richtig ausprobiert haben? Ich sage, es ist keine Tatsache, daß alles sinnlos ist. Ist es sinnlos, daß Sie einen Partner haben? Nein. Auch wenn Ihnen im Moment alles sinnlos erscheinen mag, so ist dem bei objektiver Betrachtung nicht so. Also entspricht der Gedanke nicht den Tatsachen.

2. Hilft Ihnen der Gedanke, sich gut zu fühlen?
Nein. Wenn Sie denken, alles sei sinnlos, dann sind Sie völlig deprimiert und machen es sich unmöglich, aus Ihrem Tief herauszukommen. Richtig?

Sie sehen: Ebenfalls ein sehr schädlicher Gedanke, mit dem Sie sich keinen Gefallen tun. Ein hilfreicher Gedanke hierzu wäre:

Hilfreicher Gedanke — „Mir erscheint alles so sinnlos, weil ich mir häufig sage, daß alles sinnlos ist. Je mehr ich es schaffe, meine negativen Gedanken zu überwinden, umso mehr werde ich wieder das Gefühl haben, daß mein Leben einen Sinn hat."

Negativer Gedanke — *„Es ist alles so hoffnungslos."*

1. Entspricht der Gedanke den Tatsachen?

Nein. Solange Sie nicht aufgeben und vor allem, so lange Sie sich selbst nicht aufgeben, ist nichts hoffnungslos, auch wenn es Ihnen so scheint, weil Sie im Moment keinen Lichtblick sehen. Sie können Ihre Depressionen überwinden und wieder Freude verspüren - wenn Sie aufhören, sich einzureden, daß alles hoffnungslos ist.

2. Hilft Ihnen der Gedanke, sich gut zu fühlen?
Nein. Ein solcher Gedanke zieht Ihre Stimmung nur noch mehr in den Keller und läßt alles nur noch schlimmer scheinen. Sie müssen sich schlecht fühlen, wenn Sie so denken.

Sie sehen: Wieder ein schädlicher Gedanke, den es gilt, durch einen hilfreichen Gedanken zu ersetzen. Der könnte so aussehen:

Hilfreicher Gedanke „Alles scheint mir grau in grau. Hinter den dunklen Wolken scheint jedoch die Sonne. Wenn ich meine negativen Gedanken vertreibe, dann kommen auch wieder die Sonne und die Hoffnung zum Vorschein. Depressionen sind kein Schicksal, mit dem man sein ganzes Leben leben muß. Ich kann sie überwinden."

Negativer Gedanke *„Ich halte das nicht mehr aus."*

1. Entspricht der Gedanke den Tatsachen?
Nein. Wenn Sie Ihren Zustand tatsächlich nicht mehr aushalten könnten, dann würden Sie nicht diese Zeilen lesen. Sie wären tot. Tatsache ist, Sie können Ihre depressiven Verstimmungen - oder was auch immer es ist - ertragen, auch wenn es mühsam und schmerzhaft ist. Richtig?

2. Hilft Ihnen der Gedanke, sich gut zu fühlen?
Nein. Durch diesen Gedanken machen Sie Ihren Zustand nur noch unerträglicher. Sie empfinden Ihr Leid um vieles schlimmer, als es ist.

Sie sehen: Auch ein nicht hilfreicher Gedanke, dem Sie viel zusätzliches Leid verdanken, und den Sie deshalb verbannen sollten. Ein hilfreicher Gedanke wäre:

Hilfreicher Gedanke „Ich kann es ertragen, daß ich so deprimiert bin, auch wenn ich mich schwertue."

Negativer Gedanke *„Ich bin zu nichts mehr zu gebrauchen."*

1. Entspricht der Gedanke den Tatsachen?
Nein. Gewiß, Sie fühlen sich so, als seien Sie zu nichts mehr zu gebrauchen, aber ist dem tatsächlich so? Nein. Sie machen vielleicht Fehler, können im Augenblick vieles nicht mehr so gut und schnell erledigen, deshalb aber stimmt es noch lange nicht, daß Sie zu nichts mehr zu gebrauchen sind. Sie übertreiben damit gewaltig.

2. Hilft Ihnen der Gedanke, sich gut zu fühlen?
Nein. Durch solch einen Gedanken kommen Sie sich nur minderwertig und wertlos vor.

Sie sehen: Wieder ein negativer Gedanke. Ein hilfreicher Gedanke wäre:

Hilfreicher Gedanke „Ich bewältige manches nicht mehr so gut wie früher. Das ist normal, wenn man deprimiert ist. Es gibt vieles, was ich bewältige. Ich tue mir keinen Gefallen, wenn ich mich in Frage stelle, nur weil etwas nicht so läuft, wie ich es gerne hätte."

Negativer Gedanke *„Niemand kann mir helfen."*

1. Entspricht der Gedanke den Tatsachen?
Sie meinen, das stimmt? Woher wollen Sie das wissen? Tatsache ist: Sie denken das lediglich, ohne dafür einen Beweis zu haben. Sie

müßten es auf einen Versuch ankommen lassen, d.h. sich an einen erfahrenen Therapeuten wenden.

2. Hilft Ihnen der Gedanke, sich gut zu fühlen?
Bestimmt nicht. Solch ein negativer Gedanke macht Sie nur noch mutloser und verzweifelter.

Sie sehen: Ein negativer Gedanke, den Sie durch etwa folgenden Gedanken ersetzen sollten:

Hilfreicher Gedanke „Ich bin nicht der einzige Mensch auf der Welt, der deprimiert ist. Anderen wurde schon geholfen, also kann mir auch geholfen werden."

Was Sie gegen Ihre Depressionen tun können

Sie müssen lernen, Ihre negativen Gedanken, Gefühle und Verhaltensweisen unter Kontrolle zu bringen. Am besten ist es, Sie verstehen jedes einzelne dieser negativen Gefühle und Verhaltensweisen als ein Problem, das es zu lösen gilt.

1. Als erstes müssen Sie Ihrem negativen Denken den Kampf ansagen. Sie müssen wieder lernen, die Welt und die Menschen in ihr mit anderen Augen zu betrachten. Sie müssen lernen, die Dinge realistischer und positiver zu sehen. Lesen Sie hierfür nochmals besonders aufmerksam die Kapitel 1, 2 und 3, sowie vor allem die hilfreichen Gedanken, die wir in diesem Kapitel aufgeführt haben.

2. Wenn Sie deprimiert sind, dann leiden Sie unweigerlich unter Minderwertigkeitsgefühlen. Nehmen Sie diese zuerst in Angriff, indem Sie das Kapitel 5 in diesem Buch lesen und gründlich durcharbeiten. Suchen Sie sich dann das für Sie bedrückendste Problem aus. Wenn Sie unter massiven Schuldgefühlen leiden, dann lesen und arbeiten Sie Kapitel 7 in diesem Buch durch.

3. Werden Sie aktiv. Denken Sie daran: alle Ihre Gefühle sind trügerisch. Ihre Verzweiflung und Mutlosigkeit sind die Folgen Ihrer negativen Sichtweise. Sie können mehr Freude gewinnen und Ihre Passivität überwinden, wenn Sie Ihre negative Sichtweise ändern und trotz des Gefühls der Energielosigkeit etwas unternehmen.
   Begehen Sie nicht den Fehler zu sagen: „Wenn ich wieder mehr Lust habe oder es mir Freude macht, dann unternehme ich wieder mehr". Sie müssen zuerst Initiative entwickeln, und dann geht es Ihnen besser. Unsere Erfahrung zeigt immer wieder: Wenn Sie sich aufraffen, etwas zu tun, auch wenn Ihnen nicht danach zumute ist, dann ist das der erste Schritt zur Besserung.
   Geben Sie nicht Ihrem lähmenden Gefühl nach. Tun Sie gerade das Gegenteil davon. Wenn Ihnen danach zumute ist, sich ins Bett zu legen, dann tun Sie es nicht und werden aktiv.
   Teilen Sie sich den Tag in Stunden ein und machen Sie eine Liste von Aktivitäten, die Sie zu jeder Stunde erledigen wollen. Wichtig ist nicht so sehr, daß Sie die Dinge genau in der gleichen Geschwindigkeit und mit der gleichen Perfektion machen wie früher. Wichtig ist einzig und allein, daß Sie etwas tun.

4. Achten Sie auf Ihre Gedanken. Sie werden sich garantiert dabei ertappen, daß Sie sich Dinge einreden wie: „Es bringt doch nichts. Das ist zu schwer. Das kann ich nicht. Es kostet mich zuviel Mühe. Es hat keinen Sinn". Schenken Sie diesen und ähnlichen Gedanken keinen Glauben, auch wenn diese für Sie sehr überzeugend klingen. Sie müssen erst das ausprobieren, was Sie für sinnlos halten, um 100%ig sagen zu können, daß Sie recht hatten. Vorher ist das nur eine unbewiesene Vermutung von Ihnen.
   Werfen Sie nicht die Flinte ins Korn. Es ist keine leichte Aufgabe, seine depressiven Verstimmungen zu überwinden. Ganz bestimmt ist es möglich. Wenn Sie nicht weiterkommen, dann nehmen Sie den Rat und die Hilfe eines Fachmanns in Anspruch.

Wenn Sie mehr über dieses Thema erfahren möchten, dann empfehlen wir Ihnen das Anti-Depressionsprogramm von Rolf Merkle <Wenn das Leben zur Last wird>. In ihm finden Sie viele weitere Hilfestellungen für die Überwindung depressiver Verstimmungen.

9
„Was denkt er von mir, wenn ... ”
Selbstbewußtsein kann man lernen

Sagen Sie häufig „ja”, obwohl Sie eigentlich „nein” sagen möchten? Behalten Sie Ihre Meinung manchmal für sich, weil Sie Angst vor Kritik haben? Haben Sie oftmals das Gefühl, zu kurz zu kommen? Tun Sie öfters Dinge nur um des lieben Friedens willen?

Wenn Sie eine oder mehrere Fragen mit „ja” beantworten können, dann mangelt es Ihnen zeitweise an Selbstbewußtsein. Doch das geht nicht nur Ihnen so. Fast alle Menschen haben mehr oder weniger große Probleme, selbstsicher aufzutreten. Niemand verhält sich immer und überall selbstsicher, und niemand ist immer nur unsicher.

Klaus zum Beispiel kann sehr bestimmt und sicher in geschäftlichen Angelegenheiten auftreten. Bei Besprechungen oder Verhandlungen ist er keine Spur von unsicher. Sobald er sich jedoch im Alltag unter anderen Menschen befindet, ist er sehr oft gehemmt.

Gisela findet es unheimlich schwer, einen Vertreter an ihrer Tür abzuweisen, ohne etwas zu kaufen. Andererseits macht es ihr keine Schwierigkeiten, in einem Restaurant ein schlechtes Essen zurückgehen zu lassen.

Warum sind Menschen unsicher und gehemmt?

Die Hauptursache mangelnden Selbstbewußtseins ist die Angst vor Ablehnung. Wir haben Angst, abgelehnt zu werden, wenn wir tun und sagen, was wir für richtig halten. Und warum haben wir diese Angst? Weil wir fälschlicherweise denken, daß wir nur dann wertvolle Menschen sind, wenn andere uns dafür halten. Wir haben gelernt, unseren Wert von anderen abhängig zu machen. Wir selbst haben keine eigene Meinung über unseren Wert oder wir haben eine sehr schlechte Meinung von uns. Deshalb legen wir soviel Wert auf die Meinung der anderen über uns und verkaufen unsere Seele, nur um von anderen zu hören, daß wir liebenswert und wertvoll sind.

So kommt es, daß viele Menschen immer nur danach trachten, es anderen recht zu machen. Ja kein Aufsehen, ja keinen Ärger, immer schön ruhig bleiben und nachgeben. Zurückstecken heißt die Devise, wenn andere uns nicht freiwillig geben, was wir möchten.

Hätten die Menschen nicht diese lebensfeindlichen Ängste, dann hätten sie auch mehr Selbstvertrauen und wären zufriedener. Denn eines ist klar: Selbstunsichere Menschen sind alles andere als zufrieden. Selbstunsichere Menschen ärgern sich häufig über ihre vermeintlich egoistischen und herzlosen Mitmenschen, die mit ihnen machen, was sie wollen. Natürlich ärgern sie sich auch über sich selbst, daß sie sich das mal wieder haben gefallen lassen. Häufig folgt Selbstmitleid, dicht gefolgt von depressiven Verstimmungen. Selbstunsichere Menschen zahlen also einen sehr hohen Preis dafür, daß sie kein Aufsehen erregen wollen.

Sie lehren andere, Sie zu unterdrücken

Ja, Sie haben richtig gelesen. Durch Ihr Verhalten zeigen Sie dem anderen, daß Sie sein Opfer sein wollen. Ein Diktator ist nur solange ein Diktator, wie seine Untergebenen das zulassen. Je mehr diese kuschen und über sich bestimmen lassen, umso mehr wird der Diktator davon Gebrauch machen. Andere Menschen können nur dann auf "Ihrem Kopf herumtrampeln", wenn Sie das zulassen.

Warum ist das Essen in vielen Lokalen so schlecht? Wie ist es möglich, daß Menschen so oft versuchen, andere durch ihr Verhalten oder ihre Worte zu unterdrücken? Nun, diese sind in der Vergangenheit Menschen begegnet, die sich das gefallen ließen. Sie wurden von "Untertanen" für ihr schlechtes Verhalten belohnt. Weil viele Menschen aus falsch verstandenem Anstand oder aus Hemmungen auf die Frage des Wirts: „Hat es geschmeckt?" mit „ja, danke" antworten, wird der Wirt für die schlechte Qualität seines Essens belohnt. Weder dem Wirt noch den Gästen ist damit gedient, wenn Sie dann vor lauter Ärger das Lokal nicht mehr betreten. Sie haben Ihr gutes Geld für etwas ausgegeben, das nicht sein Geld wert war, und der Wirt hat einen Kunden verloren.

Es liegt an Ihnen, Ihren Mitmenschen zu zeigen, wie Sie behandelt werden möchten. Das können Sie jedoch nur dann, wenn Sie sich selbst respektieren und achten. Es geht nicht darum, daß Sie den Spieß umdrehen und die anderen beherrschen sollen. Nein, es geht nur darum, daß Sie von Ihrem Recht Gebrauch machen können, "nein" zu sagen.

Wenn Sie wirklich von anderen geachtet werden wollen, dann sagen Sie von Zeit zu Zeit auch mal „nein". Tun Sie, was Sie für richtig halten, und nicht, was andere für richtig finden. Andere Menschen akzeptieren Sie meist nicht, wenn Sie ihnen alles geben, was sie wollen. Sie werden nur respektiert, wenn Sie eine eigene Meinung haben und das tun, was Sie für richtig und gut halten, auch wenn Ihre Kritiker Sie belächeln oder verfluchen.

Seien Sie ehrlich! Welche Menschen respektieren und achten Sie am meisten? Respektieren Sie Ihren Geschäftskollegen, der sich beim Chef stets beliebt machen will, indem er ihm nach dem Mund redet? Respektieren Sie Ihren Nachbarn, der seine Meinung über eine Sache wie seine Hemden wechselt? Oder respektieren Sie den, der sich gegen andere durchsetzt, seine Meinung vertritt, auch wenn sie nicht beliebt ist? Sicherlich achten und respektieren Sie den letzteren.

Ihre Rechte als Mensch und Verbraucher

Um selbstsicher auftreten und sich durchsetzen zu können, muß man auch seine Rechte als Mensch, als Angestellter, als Verbraucher und als Bürger kennen.

Schauen wir uns zunächst einmal an, welche Rechte Sie als Mensch haben.

Ihre persönlichen Rechte

Die nun folgenden Rechte haben Sie, wir und andere Menschen, einfach aufgrund der Tatsache, daß wir Menschen sind. Es sind persönliche Rechte, die Sie sich selbst und anderen einräumen sollten, da sie das Zusammenleben erleichtern.

Wir haben das Recht, unsere Meinung zu ändern.
Wir können einen Standpunkt, den wir heute vertreten, morgen aufgeben. Wir können morgen nein sagen, wenn wir heute ja gesagt haben. Manchmal versuchen andere uns auf etwas festzunageln, was wir irgendwann einmal gesagt haben. Sie tun das, weil unser Sinneswandel für sie unangenehm ist oder wir für sie dadurch nicht berechenbar sind. Durch den Vorwurf, verantwortungslos zu sein, wollen sie uns manipulieren und dazu veranlassen, zu unserer alten Entscheidung zurückzukehren.
Das heißt nicht, daß man nach dem Satz „Was kümmert mich mein blödes Geschwätz von gestern" handeln sollte. Es geht auch nicht darum, ein Versprechen mutwillig oder aus einer Laune heraus zu brechen. Es geht darum, daß wir das Recht haben, uns umzuentscheiden, wenn wir feststellen, daß wir uns geirrt haben, oder wenn wir erkennen, daß wir uns durch das Festhalten an einer Entscheidung in unvorhersehbarer Weise in unserer persönlichen Entfaltung einengen oder schaden.

Wir haben das Recht, daß uns etwas nicht interessiert.
Andere versuchen gerne, uns vorzuschreiben, wofür wir uns zu interessieren haben: für ihre Meinung, für ihre Probleme, für Politik, für Kultur, usw. Wenn wir sagen „Das interessiert mich nicht", dann wollen uns andere oft dieses Recht streitig machen, indem sie uns vorwerfen, wir seien verantwortungslos, egoistisch oder unmoralisch. Wenn jemand uns einen solchen Vorwurf macht, dann geschieht das nur in der Absicht, uns zu unserem Nachteil zu manipulieren.

Wir haben das Recht, nein zu sagen, ohne uns schuldig zu fühlen.
Ein „nein" bedeutet immer, daß ein anderer auf etwas verzichten muß, daß er nicht bekommt, was er möchte. Es ist nur natürlich, daß er darüber nicht erfreut ist. Andererseits, wo steht geschrieben, daß man immer bekommen muß, was man haben möchte? Wir sind nicht dazu da, um die Wünsche der anderen zu erfüllen, und die anderen sind nicht dazu da, um uns unsere Wünsche zu erfüllen.

Wir haben das Recht, Fehler zu machen.
Niemand ist vollkommen. Und doch versuchen manchmal andere einen Fehler von uns als etwas Unrechtes hinzustellen. Natürlich sind auch wir oft selbst nur allzu leicht bei der Hand, uns für Fehler zu kritisieren und zu verurteilen. Damit andere uns nicht mit dem Hinweis auf einen Fehler, den wir begangen haben, manipulieren können, müssen wir bei uns selbst anfangen und uns die Erlaubnis geben, Fehler machen zu dürfen, ohne uns deshalb als schlechter oder minderwertiger Mensch anzusehen. Verurteilen wir uns selbst für Fehler, dann haben andere ein leichtes Spiel, uns noch größere Schuldgefühle zu machen, und damit haben sie uns in ihrer Hand.

Wir haben das Recht, andere um einen Gefallen zu bitten.
Viele Menschen getrauen sich nicht, andere um etwas zu bitten, weil sie befürchten, dem anderen Unannehmlichkeiten zu bereiten. Warum aber überlassen wir es nicht dem anderen, zu entscheiden, ob ihm unsere Bitte Unannehmlichkeiten bereitet oder nicht? Kann der andere nicht für sich selbst entscheiden und „nein" sagen?

Wir haben das Recht, unser Verhalten nicht zu rechtfertigen.
„Wie kommst du dazu, so etwas zu machen?" sind Worte, durch die andere uns veranlassen wollen, ihnen Rechenschaft über unser Verhalten abzulegen. Wenn wir jemandem etwas abschlagen, dann fragt der vielleicht: „Warum willst du mir nicht helfen?". Gehen wir auf die Frage ein, dann wird uns der andere vielleicht durch den Vorwurf, wir seien egoistisch, zu überzeugen versuchen, daß wir im Unrecht sind, wenn wir ihm seinen Wunsch nicht erfüllen. Die Forderung nach Rechtfertigung unseres Verhaltens dient nur der Befriedigung des Ego des anderen und gibt ihm Macht über uns.

Wir haben das Recht, so zu leben, wie wir möchten, solange wir anderen das auch zugestehen und deren Rechte nicht verletzen.
Dieses Recht ist das umfassendste von allen, und man könnte hierunter alle anderen Rechte zusammenfassen. Es wird jedoch immer jemanden geben, dem das nicht gefällt, oder der der Auffassung ist, so sollte man

nicht leben. In aller Regel mißfällt dies anderen jedoch nur deshalb, weil sie dadurch über uns keine Macht mehr haben, sprich uns nicht mehr ausnutzen können. Die grundsätzliche Frage ist also: Bringe ich mich oder andere durch mein Verhalten in Lebensgefahr?

Diese Rechte müssen wir Tag für Tag verteidigen, da andere immer wieder versuchen, sie uns streitig zu machen. Von seinen Rechten Gebrauch zu machen bedeutet nicht, skrupellos, unsozial oder ohne Mitgefühl zu sein. Es bedeutet nur, selbst frei zu entscheiden, was wir tun möchten und was nicht. Es geht um Selbstbestimmung versus Fremdbestimmung. Es geht darum, andere nicht entscheiden zu lassen, was für uns gut ist. Das können und müssen wir selbst tun.

Ihre Rechte als Verbraucher

Als Verbraucher haben Sie eine Menge Rechte, über die Sie Bescheid wissen sollten. In jeder Stadt gibt es Verbraucherverbände, die Ihnen kostenlos oder gegen eine geringe Gebühr in einzelnen Fällen Auskunft geben. Von der Arbeitsgemeinschaft der Verbraucherverbände e.V. (Heilsbachstr. 20 in 5300 Bonn) kann man sich gegen eine Jahresgebühr von derzeit DM 18,- monatlich ein Heft schicken lassen, in dem man viele wertvolle Tips bekommt, welche Rechte man hat.

Was Sie tun können, um selbstsicher zu werden

1. Denken Sie an das ABC der Gefühle. Sie können die Gefühle eines anderen nicht verletzen. Wenn ein anderer ärgerlich oder gekränkt ist, dann, weil er sich ärgerliche und kränkende Gedanken macht. Sie kontrollieren Ihre Gefühle, und der andere kontrolliert seine Gefühle. Es ist schade, wenn sich ein anderer durch sein negatives Denken Probleme macht. Sie können das jedoch nicht verhindern.

2. Wenn andere Sie für das, was Sie tun oder sagen, ablehnen, dann machen Sie sich klar: Die Meinung der anderen sagt nichts über Sie aus. Sie sind kein gemeiner, mieser, egoistischer, schlechter oder

minderwertiger Mensch, nur weil Sie von Ihrem Recht Gebrauch machen.

3. Nehmen Sie sich selbst wichtig und nehmen Sie sich mit Ihren Fehlern und Schwächen an. Wenn Sie sich für unwichtig halten, dann lassen Sie anderen den Vortritt. Erst wenn Sie sich selbst davon überzeugt haben, daß Sie es verdienen, respektvoll behandelt zu werden, werden Sie auch den Mut aufbringen, selbstsicher aufzutreten.

4. Machen Sie es sich zur Aufgabe, sich täglich mindestens ein Mal selbstsicher zu verhalten. Wählen Sie für den Anfang nicht zu schwierige Situationen aus. Machen Sie ein ABC und überprüfen Sie, durch welche selbstunsicheren Gedanken Sie sich hindern, selbstbewußt aufzutreten. Räumen Sie hinderliche Gedanken aus dem Weg und spielen Sie die Situation ein paar Male in der Vorstellung durch. Sehen Sie sich, wie Sie das tun und sagen, was Sie sich für diese Situation vorgenommen haben. Dann gehen Sie bewußt in die Situation und verhalten sich so, wie Sie es sich vorgestellt haben.

5. Am Anfang werden Sie wahrscheinlich ein manches Mal über das Ziel hinausschießen, d.h. Sie werden etwas aggressiv reagieren, wenn Sie sich selbstsicher zu benehmen versuchen. Das ist völlig normal. Aufgrund Ihrer Unsicherheit haben Sie noch nicht das richtige Gespür für ein selbstsicheres Auftreten. Mit der Zeit und der Übung werden Sie das jedoch bekommen.

6. Verurteilen Sie sich nicht, wenn Sie es „wieder mal" nicht geschafft haben, selbstbewußt Ihre Bedürfnisse zu äußern. Selbstsicheres Auftreten muß man üben. Alles ist eine Frage der Gewohnheit.

7. Lassen Sie sich nicht von Bemerkungen anderer irritieren, Sie hätten sich zu Ihrem Nachteil verändert, wenn Sie beginnen, Bedürfnisse anderer mal abzulehnen oder eigene Wünsche zu äußern. In einer fairen Beziehung werden die Bedürfnisse beider Parteien berücksichtigt. Werden Sie nur dann gemocht, wenn Sie immer die Wünsche des anderen erfüllen, fehlt die Basis für eine gute Beziehung.

Sich selbstsicher zu verhalten, bedeutet nicht, immer das zu bekommen, was man will. Es bedeutet, danach zu fragen. Es geht auch nicht darum, immer und überall seinen Willen durchzusetzen. Es geht lediglich darum, daß Sie sich in wichtigen Dingen für Ihre Wünsche und Interessen einsetzen können.

Wenn Sie sich intensiver mit dem Thema Selbstsicherheit auseinandersetzen möchten, dann schauen Sie doch einmal in das Buch <Laß Dir nicht alles gefallen> von Rolf Merkle. In ihm finden Sie viele praktische Tips und Ratschläge, wie Sie lernen können, Forderungen zu stellen und unberechtigte Forderungen abzuwehren. Sie erfahren, wie Sie lernen können, auf andere Menschen zuzugehen, wie Sie Ihre Körpersprache einsetzen können, um selbstsicherer zu wirken, und Sie lernen, wie Sie sich gegen die Manipulationsversuche anderer Menschen wehren können.

Nur tote Fische
schwimmen mit dem Strom.

10
„Er liebt mich, er liebt mich nicht, ...“
Liebe und Partnerschaft

Die meisten Menschen haben von der Ehe und der Liebe eine sehr unklare und oft sogar falsche Vorstellung. Kein Wunder. In den Texten der Liedermacher und Schriftsteller werden die Liebe und Ehe sehr oft verherrlicht und als das höchste Glück des Menschen hingestellt. Da ist die Rede von Erfüllung, einem starken Band, das zwei Menschen verbindet, Glück, inniger Zuneigung, menschlicher Wärme, gebrochenen Herzen und Romantik. All das hat jedoch mit Liebe und Partnerschaft sehr wenig zu tun.

Für uns als Psychotherapeuten und Eheberater stellt sich die Wirklichkeit oft ganz anders dar. Sie ist für viele Menschen sehr ernüchternd wie eine kalte Dusche. Da sind nämlich oft Ärger oder gar Haß im Spiel. Feindseligkeit, Ablehnung, Eifersucht und Frustrationen bestimmen den Alltag.

Unsere Definition von Liebe und Ehe ist eher nüchtern. Sie hat jedoch den Vorteil, daß sie Ihnen helfen kann, viele Fehler zu vermeiden, die nur das eine bewirken, nämlich Unglücklichsein und Trennung.

Was verstehen wir unter Liebe?

Liebe ist ein Gefühl, das Sie für jemanden empfinden, der Ihnen das gibt, was Sie möchten.

Liebe ist im Grunde genommen also etwas sehr Egoistisches. Wir wissen, daß Sie das nicht gerne hören, aber so ist es nun mal. Sie lieben einen anderen Menschen nie um seiner Selbst willen, sondern immer nur, weil er gewisse Bedürfnisse und Wünsche von Ihnen befriedigt.

Warum werden so viele Ehen geschieden und warum weicht die Liebe so oft der Gleichgültigkeit oder gar der Ablehnung? Weil der eine vom anderen nicht mehr das bekommt, was er möchte: Anerkennung, Sex, Bestätigung, Zärtlichkeit, Verständnis, Zuwendung, usw.

Menschen trennen sich und hören auf, Liebe für einen anderen zu empfinden, wenn ihre Bedürfnisse nicht mehr befriedigt werden.

Liebe ist ein Gefühl wie jedes andere Gefühl. Sie schaffen es sich selbst, indem Sie sich liebevolle und positive Gedanken über Ihren Partner machen. Liebe überfällt Sie also nicht und wird auch nicht von Ihrem Partner erzeugt.

Liebe bleibt auch nicht auf magische Weise für alle Ewigkeit bestehen. Sie müssen sich täglich darum bemühen. Sie können Ihren Partner in einem Moment hassen und im nächsten Moment lieben, durch die Art der Gedanken, die Sie sich machen. Liebe kann man für mehr als einen Menschen empfinden - zur gleichen Zeit oder zu verschiedenen Zeitpunkten in seinem Leben.

Was ist eine Ehe oder Partnerschaft?

Eine Ehe oder Partnerschaft ist mit einer Firma vergleichbar. Die Partner betreiben die Firma gemeinsam, weil sie sich davon mehr versprechen als alleine. Ziel ist es, die Firma so zu leiten, daß beide Partner gewinnen und die Firma sich für beide lohnt.

Beide Partner haben ihre eigenen Interessen und Vorstellungen, wie die Firma geleitet werden sollte. So erwartet sie von ihm, daß er seinen Pflichten und Aufgaben nachkommt, und er erwartet von ihr, daß sie ihren Pflichten und Aufgaben nachkommt. Tut einer von beiden das nicht, dann tritt der andere in den Streik. Er kämpft dann um die Einhaltung und Wahrung seiner Interessen. Gibt der andere nicht nach oder kommt es zu keinem Kompromiß, dann droht die Auflösung der Firma.

Petra ist seit 6 Jahren verheiratet. Im ersten Jahr war das Klima in der Beziehung noch in Ordnung. Bernd, ihr Mann, ging auf die Wünsche seiner Frau ein. Er war für sie da, wenn es ihr schlecht ging, umsorgte sie, gab ihr zu verstehen, daß er sie liebte, usw. Nach und nach änderte er sich jedoch. Er stellte mehr und mehr Ansprüche, ließ nur noch seinen Willen gelten und reagierte sauer, wenn Petra nicht auf ihn einging. Petra dachte sich eine bei Frauen sehr beliebte Form des

Streiks aus: Sie verweigerte sich ihrem Mann im Bett. Das war der Bereich, über den sie die alleinige Gewalt hatte. Sie konnte auf diesem Gebiet bestimmen, was geht und was nicht. Sie handelte nach dem Motto: „Du wirst schon sehen, was du davon hast, so mit mir umzuspringen". Bernd traf die Verweigerung seiner Frau sehr hart. Da sie sich nicht einigen konnten, trennten sie sich schließlich.

Ingrid heiratete Dieter vor allem aus zwei Gründen. Sie bewunderte seinen guten Körperbau und sein selbstsicheres Auftreten. Nach der Heirat dauerte es jedoch nicht lange und Dieter ging wie ein Hefeteig auseinander. Er trieb keinen Sport mehr und achtete wenig auf seine Ernährung. Beruflich mußte er ein paar Nakkenschläge einstecken, die stark an seinem Selbstbewußtsein rüttelten. Ingrid ließ sich nach 2 Jahren scheiden. Dieter war nicht mehr der Mann, den sie geheiratet hatte. Er besaß nicht mehr die Qualitäten, wegen derer Ingrid ihn so bewundert hatte.

In der ersten Zeit der Verliebtheit macht jeder Partner dem anderen Komplimente und versucht ihm das Gefühl zu vermitteln: „Ich liebe dich". Meist stecken beide ihre eigenen Bedürfnisse zurück, „Hauptsache wir sind zusammen". Mit der Zeit wird jedoch oft vieles zur Gewohnheit. Die guten Seiten des anderen werden als normal betrachtet. Die negativen Seiten werden entdeckt oder rücken in den Vordergrund. Manchmal verliert der Partner auch seine Vorzüge, wie das bei Dieter und Bernd der Fall war. Dann kommt es zu Konflikten. Das Paar hat zwei Möglichkeiten: sich täglich neu zu bemühen, am anderen etwas Positives zu entdecken, oder aber sich zu trennen. Eine erfolgreiche Beziehung kann nur dann wieder entstehen, wenn beide Partner etwas aus der Beziehung gewinnen.

Einige gefährliche Mythen über die Liebe und die Ehe

1. Mythos

Wenn man sich wirklich liebt, dann ist man sich immer einig, und es gibt keinen Streit.

Diese Vorstellung von Liebe ist ziemlich wirklichkeitsfremd. Liebe hat absolut nichts mit "Friede, Freude und Eierkuchen" zu tun. Es gibt

Zeiten der Ruhe, aber auch Zeiten voller Konflikte. Friede herrscht nur solange, wie jeder das tut, was der andere von ihm erwartet.

Claudias Ehe verlief relativ harmonisch bis zu dem Tag, an dem sie beschloß, nicht länger nur zu Hause zu sitzen und die brave Ehefrau zu spielen. Sie wollte arbeiten gehen und ihr eigenes Geld verdienen. Ihr Mann sah rot, und für lange Zeit hing der Haussegen sehr schief. Claudias Entschluß war der Beginn einer sehr langanhaltenden, heftigen Auseinandersetzung. Dieser Streit hörte erst auf, als Claudia ihr Recht durchsetzte und ihr Mann den Wunsch seiner Frau akzeptierte.

Die Menschen sind zu verschieden in ihren Ansichten und Erwartungen, als daß es immer nur Einigkeit zwischen ihnen geben könnte. Eine Auseinandersetzung ist nichts Schlechtes. Im Gegenteil! Sie kann neuen Schwung in eine Beziehung bringen und dazu beitragen, daß der Staub der Jahre hinweggewischt wird. Das Äußern von Wünschen ist ein Recht und auch die Pflicht jedes Partners. Bringt er diese nicht ein, weiß der andere nicht, wo er steht, und kann sich auch nicht damit auseinandersetzen.

Keiner der Partner hat jedoch ein Anrecht darauf, daß seine Wünsche vom anderen erfüllt werden. Soll die Partnerschaft erhalten bleiben und erfolgreich funktionieren, muß jeder Partner zu Kompromissen und Entgegenkommen bereit sein. Eine gute Partnerschaft lebt von dem ständigen Austausch über Wünsche. Werden auf Dauer nur die Wünsche eines Partners erfüllt, geht die Beziehung kaputt. Eine Partnerschaft ist mit einem Garten vergleichbar. Man muß ihn pflegen und schauen, was er braucht, damit er einem Freude macht und ertragreich ist.

„Stille" Partnerschaften sind verdächtig und gefährlich, denn beide Partner wiegen sich in der Sicherheit, eine gute Partnerschaft zu führen. Meist hat jedoch entweder ein Partner schon die innere Kündigung ausgesprochen und orientiert sich nach außen, oder aber er ist unzufrieden und äußert es nicht offen. Eines Tages kommt dann möglicherweise die Explosion, die keiner versteht: er bricht zusammen oder bricht scheinbar grundlos einen riesigen Streit vom Zaun.

2. Mythos

Wenn man erst mal verheiratet ist, dann wird sich der andere schon ändern.

Mit dieser Hoffnung heiraten viele Männer und Frauen. Nur selten erfüllt sie sich jedoch. Im Gegenteil. Die Ehe bringt meist noch mehr Eigenschaften zutage, die man nicht mag.

Ingeborg heiratete Peter trotz seines übermäßigen Alkoholkonsums. Sie dachte, die Heirat werde aus ihm einen anderen Menschen machen, und er werde schon zur Vernunft kommen. Weit gefehlt. Peter trank noch mehr und häufiger, bis er schließlich seine Arbeit und seine Frau verlor.

Michael heiratete Nicole, obwohl ihn störte, daß sie rechthaberisch war und schnell aufbrauste. Er dachte, sie werde sich schon die Hörner abstoßen, wenn sie erst mal verheiratet seien.

Manche Menschen kommen "zur Vernunft" und ändern sich, wenn sie verheiratet sind: Viele tun es nicht. Die Ehe ändert die Menschen nicht auf magische Weise. Ist es nicht vielmehr so, daß man vor der Ehe versucht, ein möglichst gutes Bild von sich abzugeben? Ist man erst mal verheiratet, dann gibt man so manches "Balzverhalten " auf, das man nur zu dem Zweck an den Tag gelegt hat, den anderen zu erobern. Man hat es ja dann nicht mehr nötig, denkt man, sich so anzustrengen, weil der andere einem sicher ist.

3. Mythos

Zu zweit ist das Leben schöner, und man ist glücklicher als alleine.

Das kann sein, aber die Regel ist es nicht. In der Regel kommen die Probleme erst, wenn man verheiratet ist. Eine Ehe ist ein Auf und Ab. Freude und Frustrationen wechseln sich ab. Erwarten Sie nicht, daß das Leben automatisch schöner und glücklicher wird, nur weil Sie einen anderen Menschen lieben. Zutreffender ist die Feststellung: zu zweit lebt sich anders als alleine. Alleine können Sie den Vorteil haben, alles nach den eigenen Wünschen zu erledigen, aber den Nachteil, sich ab und zu allein zu fühlen. Zu zweit können Sie den Vorteil haben, einen Partner zu haben, mit dem sie teilen, aber auch den Nachteil,

Kompromisse schließen zu müssen.

4. Mythos

Es gibt nur einen einzigen Menschen,
mit dem ich glücklich sein kann.

Tatsache ist: Sie können für jeden Menschen Liebe empfinden, der Ihnen das gibt, was Sie möchten. Hört der Partner auf, Ihnen das zu geben, was Sie wünschen, dann hören Sie auf, ihn zu lieben. Treffen Sie einen anderen, der Ihre Wünsche erfüllt, dann verlieben Sie sich in ihn. Es ist möglich, sich gleichzeitig in mehr als nur einen Menschen zu verlieben.

5. Mythos

Wenn man sich liebt, dann tut man nie etwas,
was der andere nicht mag.

Das ist keine Liebe, das ist Diktatur und Intoleranz. Birgit ärgert sich darüber, daß ihr Mann Dieter mit seinen Freunden einmal die Woche alleine weggeht und einen "drauf macht". Dieter ärgert sich wiederum darüber, daß seine Frau dafür kein Verständnis aufbringt.

Beide sagen dasselbe: Wenn du mich lieben würdest, dann ... Dieter und Birgit stellen beide an den anderen Forderungen. Jeder hat seine eigene Auffassung davon, was Liebe ist, und fordert vom anderen, daß dieser die eigene Auffassung teilt.

Richtiger formuliert bedeutet Liebe, daß man seine eigenen Bedürfnisse und die des Partners berücksichtigt und Kompromisse aushandelt. Es ist wichtig zu wissen, daß die Tatsache, der Partner tut etwas, was mir nicht gefällt, nicht bedeutet, er liebt mich nicht mehr. Aus einem einzigen Verhalten kann man niemals auf die generelle Einstellung einer Person gegenüber schließen.

6. Mythos

Wenn mich mein Partner liebt, kann er mir meine Wünsche
von den Augen ablesen.

Um das tun zu können, müßte der Partner hellseherische Fähigkeiten haben. Er müßte Gedanken lesen können, um zu wissen, was Sie gerne von ihm haben möchten. Da das jedoch nicht der Fall ist, müssen Sie ihm schon sagen, was Sie von ihm erwarten. Vielleicht müssen Sie es ihm sogar mehrmals sagen. Ihr Partner und Sie sind zu verschieden, als daß jeder vom anderen wissen könnte, was dieser mag und was nicht.

7. Mythos
Mein Partner macht mich (un)glücklich.

Niemand kann Sie glücklich machen, und niemand kann Sie unglücklich machen. Nur Sie können sich glücklich machen, und nur Sie können sich unglücklich machen.

Es sind Ihre Forderungen, die Sie an den Partner stellen, die darüber bestimmen, wie glücklich Sie sind. Wenn Ihr Partner nicht auf Ihre Forderungen eingeht, dann ist es nicht seine Schuld, wenn Sie unglücklich sind. Sie sind nur unglücklich, weil Sie nicht das bekommen, was Sie fordern und glauben, unbedingt haben zu müssen.

Wenn Sie akzeptieren, daß etwas nicht nach Ihrem Willen gehen muß, dann sind Sie nur enttäuscht. Der sicherste Weg, sich unglücklich zu machen, ist, etwas zu fordern. Gleichgültig, für wie wichtig Sie etwas halten, Sie müssen es nicht bekommen, und andere müssen es Ihnen nicht geben.

Was Sie für das Gelingen Ihrer Partnerschaft tun können

1. Übernehmen Sie Verantwortung für Ihre Gefühle. Geben Sie nicht Ihrem Partner die Schuld für Ihr Unglücklichsein.

2. Übernehmen Sie Verantwortung für Ihre Wünsche. Äußern Sie diese klar und deutlich, aber fordern Sie nicht, daß Ihr Partner Ihnen alle Wünsche erfüllen muß. Formulieren Sie Ihre Wünsche in der Ich-Form: „Ich wünsche mir, ..., weil ich ...". Sie dürfen jeden Wunsch äußern, der andere kann entscheiden, was er Ihnen erfüllen möchte.
   Für den Erfolg einer Beziehung ist es wichtig, daß Ihr Partner weiß, was in Ihnen vorgeht. Wenn Sie lange Zeit Ihren Ärger schlucken und dann plötzlich bei einer Kleinigkeit explodieren, wird der Part-

ner Ihre Reaktion nicht verstehen. Er weiß schließlich nicht, daß Sie schon Wochen oder gar Monate mit einer Unzufriedenheit schwanger gehen. Ihr Partner kann nur dann etwas an seinem Verhalten ändern, wenn er weiß, was er ändern soll. Manchmal wird sich Ihr Partner nicht ändern, obwohl er Ihre Wünsche kennt. Dann können Sie nur entscheiden, ob Sie sein Verhalten akzeptieren oder sich weiter bemühen wollen, ihn zu verändern. Sind sehr wichtige Wünsche von Ihnen nicht erfüllt, sollten Sie sich eine Zeitgrenze setzen, wie lange Sie auf eine Veränderung warten wollen, dem Partner diese Zeitgrenze mitteilen und sich trennen, falls er diese nicht erfüllen kann oder will.

3. Respektieren Sie Ihren Partner.
Eine Partnerschaft ohne Respekt für den anderen und seine Wünsche ist der beste Weg, eine Beziehung zu ruinieren. Viele Beziehungen sind nichts anderes als das Verhältnis zwischen einem Herrn und dem Sklaven. Niemand ist aber das Eigentum des anderen. Man kann einen Menschen nicht besitzen wie ein Möbelstück, das man gekauft hat. Ihr Partner hat ein Recht auf seine Wünsche, auch wenn sie Ihnen nicht gefallen.

4. Denken Sie daran: In jedem Menschen steckt die Fähigkeit zu lieben.
Nicht jeder aber kann diese Fähigkeit zu lieben gleich gut und oft ausdrücken. Es gibt verschiedene Ausdrucksformen von Liebe. Liebe ist, wenn er Blumen mitbringt, wenn sie sein Lieblingsessen kocht. Es kann auch ein Zeichen von Liebe sein, wenn Ihr Partner Sie kritisiert. Es muß ihm viel an Ihnen liegen, wenn er das Risiko auf sich nimmt, von Ihnen dafür abgelehnt zu werden, daß er Ihnen sagt, was er nicht gut an Ihnen findet.

5. Unterstützen Sie Ihren Partner darin, das zu tun, was er möchte.
Erfolgreiche und gute Partnerschaften sind meist die, in denen jeder dem anderen die Freiheit läßt, sich zu entfalten und weiterzuentwickeln.
Was ist der Vorteil, zu zweit zu sein? Der Vorteil einer Partnerschaft liegt darin, von einem anderen Menschen Hilfe und Unterstützung für die Erreichung eigener Ziele zu bekommen.

Der Sinn einer Partnerschaft kann nicht der sein, daß man schlechter dran ist, als wäre man allein. Genau das aber ist der Fall, wenn man sich gegenseitig durch Verbote und egoistische Forderungen einschränkt und die Freiheit des anderen beschneidet. Fragen Sie jemanden, der sich getrennt hat, was er positiv an der Trennung findet. Sie werden oft hören: „Endlich kann ich mal ohne schlechtes Gewissen tun, was ich will. Niemand ist da, der mir einreden will, was ich zu tun und zu lassen habe".

Wenn Sie möchten, daß Ihr Partner Sie liebt, dann geben Sie ihm Ihre volle Unterstützung. Er wird es Ihnen danken. Ich weiß, das mag für Sie bedrohlich sein. Sie haben vielleicht Angst, ihm zu viele Freiheiten zu lassen, da er sich sonst von Ihnen eines Tages lossagen könnte. Das ist möglich. Das wäre jedoch auch gekommen, wenn Sie sich an ihn geklammert hätten und ihm keine Freiheiten gelassen hätten. Gleichgültig, wie sehr Sie sich an ihn klammern, Sie können dadurch nicht verhindern, daß Ihr Partner Sie eines Tages vielleicht nicht mehr liebt. Sie können die Liebe eines anderen Menschen nicht erzwingen. Wenn Sie das versuchen, erreichen Sie meist das Gegenteil von dem, was Sie möchten.

6. Betrachten Sie Auseinandersetzungen und Konflikte als einen unvermeidbaren Bestandteil Ihrer Beziehung. Keine Konflikte zu haben, ist ein Warnsignal. Ja, Sie haben richtig gelesen. Wenn es in einer Beziehung keine Konflikte gibt, dann ist etwas faul. Es ist nämlich absolut unmöglich, daß zwei Menschen sich immer einig sind.

   Sprechen Sie mit Ihrem Partner über Ihre Gedanken und Einstellungen, auch wenn Sie befürchten, damit auf wenig Gegenliebe zu stoßen. Nur so können Sie vermeiden, daß Sie sich auseinanderleben. Gegenteiliger Meinung zu sein bedeutet nicht, sich bis aufs Messer zu bekriegen. Sie können beide Meinungen und Ansichten nebeneinander stehenlassen als das, was sie sind: als Meinungen.

   Formulieren Sie Ihre Meinung deutlich in der Ich-Form: „Ich bin der Meinung, daß ...". Wenn Sie in der Form: „Du solltest ..." oder „Wie kannst du nur ..." sprechen, kommen Sie beide zu einem Machtkampf. Jeder versucht dann zu beweisen, daß er recht hat. Es geht nicht darum, wer recht hat, sondern jeder hat das Recht, so zu denken, wie er möchte. Hören Sie sich beide Meinungen an und fra-

gen Sie sich dann, wie die Lösung aussehen kann.
Wenn Sie sich nicht trauen, offen einen Konflikt anzusprechen, können Sie Ihrem Partner auch einen Brief schreiben, indem Sie Ihre Gefühle und Gedanken beschreiben: „Ich habe mich ... so gefühlt, weil ich mir ... gewünscht habe, daß du dich ... verhältst".

7. Machen Sie sich öfter mal liebende Gedanken und Gefühle, indem Sie sich in Erinnerung rufen, was Ihnen an Ihrem Partner gefällt.

8. Führen Sie ab und zu einen Verwöhnabend ein, an dem Sie und Ihr Partner sich abwechselnd verwöhnen. Denken Sie sich etwas aus, von dem Sie wissen, daß es dem Partner Freude macht. Gehen Sie beispielsweise mit ihm spazieren, wenn Sie es gewöhnlich boykottieren, weil Sie es nicht gerne tun. Devise heißt: dem Partner zuliebe etwas tun. Das nächste Mal tut der Partner Ihnen zuliebe etwas. Ziel ist es, wieder bewußt dem Partner eine Freude zu machen. Und Sie wissen jetzt ja: Wenn ich bekomme, was ich möchte, liebe ich den Partner wieder mehr!
9. Die Partnerschaft ist ein Gewinn-Gewinn-Spiel.
In der Partnerschaft geht es nicht darum, daß ein Partner gewinnt und der andere verliert. Um eine Beziehung am Leben zu erhalten, müssen beide Partner gewinnen. Das Spiel läuft nur weiter, wenn beide zu Kompromissen bereit sind oder bereit sind, manchmal "dem anderen zuliebe" etwas zu tun.

11
„Du gehörst nur mir" Eifersucht und was dahintersteckt

Birgit war eine verheiratete Frau Ende 30. Sie machte einen sehr energischen und selbstsicheren Eindruck auf mich, als sie das erste Mal in meine Praxis kam. Umso erstaunter war ich, als sie berichtete, daß sie unter starken Ängsten leide, die sie sehr behinderten und einschränkten. Wie sich jedoch bald herausstellte, war ihr eigentliches Problem ein ganz anderes: Eifersucht.
Sie war einer der eifersüchtigsten Menschen, den ich je kennengelernt habe. Besonders schlimm war ihre Eifersucht, wenn sie und ihr Mann sich auf einer Party oder einfach nur unter anderen Menschen befanden. Bei solchen Anläßen stand Birgit Todesqualen aus. Das war nicht verwunderlich, denn sie ließ ihren Mann keine Minute aus den Augen. Blickte er zufällig oder absichtlich in die Richtung einer anderen Frau, kochte Birgit vor Wut. Am liebsten hätte sie ihm dann eine Szene gemacht und ihm eine Ohrfeige gegeben. Besonders schlimm war es für sie, wenn ihr Mann sich mit einer anderen Frau unterhielt, ihr zulächelte oder gar mit ihr tanzte. Im Anschluß an solche geselligen Treffen machte Birgit ihrem Mann regelmäßig Vorhaltungen. Sie löcherte ihn mit Fragen nach den anderen Frauen, wie sie hießen, was er an ihnen finden würde, was er mit ihnen habe, wie lange er sie schon kenne, usw. Nicht selten redete sie eine ganze Woche nicht mit ihm, bis er sie um Verzeihung bat.

Der eifersüchtige Mensch glaubt stets im Recht zu sein. Für ihn besteht kein Zweifel, daß der andere unrecht hat. Eifersüchtige Menschen sind wie Tyrannen. Sie kommandieren ihren Partner herum, als wäre er ihr Eigentum. Sie kämpfen verbissen und unerbittlich darum, den anderen nur für sich alleine zu haben.

Sie meinen, wir übertreiben? Nein, ganz und gar nicht. Lesen Sie, was Birgit dachte, als ihr Mann ihrer Cousine einen Kuß auf den Mund gab. Ihre Gedanken waren:

„Er weiß ganz genau, daß ich das hasse, und trotzdem tut er das. So eine Rücksichtslosigkeit. Er darf das nicht tun. Das steht nur mir zu. Er gehört mir alleine. Ich bin ihm nicht so wichtig, sonst würde er so etwas nicht tun".

Warum sind Menschen eifersüchtig?

Birgit hat es schon angedeutet, warum Menschen eifersüchtig reagieren. Der Grund für ihr Verhalten ist ein starkes Gefühl der Minderwertigkeit und Unzulänglichkeit.

Eifersüchtige Menschen haben große Angst, ihr Partner könne jemand anderen attraktiver finden als sie. Die Ursache für diese Angst liegt in ihrer eigenen Person begründet. Sie finden sich selbst unattraktiv, häßlich oder dumm. Im Grunde genommen wundern sie sich, daß sie überhaupt einen Partner gefunden haben.

Dadurch, daß eifersüchtige Menschen an ihrem eigenen Wert zweifeln, glauben sie natürlich auch, ihr Partner könne sie nicht wirklich lieben, und er sei deshalb auf der Suche nach einem Ersatz für sie. Sie denken: „Wenn er mich wirklich lieben würde, hätte er es nicht nötig, nach anderen Frauen/Männern zu schauen". Um zu vermeiden, daß der Partner sie verläßt, fragen sie häufig, ob er sie noch liebe, machen ihm Eifersuchtsszenen, weigern sich, mit dem Partner zu schlafen, beschimpfen ihn, überwachen das Telefon, kontrollieren die Kleider nach fremden Haaren und Lippenstift, durchsuchen seine Taschen, usw.

Da sie 100%ig überzeugt sind, daß ihr Partner sie nicht mehr mag, hat dieser keine Chance, das Gegenteil zu beweisen. Er wird ein paarmal versuchen, ihnen zu erklären, daß er keine Absichten hat. Da sie ihm nicht glauben, wird er mit der Zeit nichts mehr erzählen. Bekommen sie durch Zufall etwas heraus, was er nicht erzählt hat, sehen sie das als Beweis an, daß ihre Befürchtungen zu Recht bestanden haben, denn „sonst hätte er es ja sagen können".

Meist gibt es tagelange Diskussionen und Streitgespräche. Schließlich hält der Partner die ewigen Szenen nicht mehr aus und trennt sich von dem eifersüchtigen Partner. Dieser sieht sich nun in seiner Minderwertigkeit bestätigt und fühlt sich bestärkt, daß er mit seinen Befürchtungen recht hatte.

Dieser Kreislauf sieht vereinfacht so aus:

ich bin minderwertig

finde einen Partner
Angst, ihn zu verlieren

Partner verläßt sie

beobachte ängstlich den Partner, — ständige Eifersuchtszenen
ob er mich verlassen will

„Wenn ich nicht eifersüchtig bin, dann liebe ich meinen Partner nicht."

Es ist ein weitverbreiteter Irrtum, daß man seine Liebe zu einem Menschen dadurch beweisen kann, daß man eifersüchtig ist. Liebe ist ein positives Gefühl, das nie gleichzeitig mit negativen Gefühlen auftreten kann. Entweder man ist eifersüchtig und damit dem anderen gegenüber negativ eingestellt, oder man liebt ihn. Eifersucht hat nichts mit der Liebe zu einem Partner zu tun, sondern mit dem Besitzenwollen eines Partners. Man möchte dann nicht, daß dieser etwas Schönes erlebt, ohne daß man dabei ist. Eifersucht ist ein egoistisches Motiv.

Wenn Sie eifersüchtig sind, dann halten Sie nur sehr wenig von sich selbst. Sie haben gelernt, sich zu verurteilen und abzuwerten. Sie machen Ihre Selbstachtung und Ihren Wert als Mensch von Äußerlichkeiten wie der Liebe und Anerkennung anderer abhängig.

Wenn Sie Ihr eifersüchtiges Verhalten ablegen wollen, dann müssen Sie an Ihrer negativen Einstellung zu sich arbeiten. Solange Sie von sich ein so negatives Bild haben, werden Sie dieses Problem haben.

Eifersüchtiges Verhalten ist sehr häufig auch mit großer Unselbständigkeit verknüpft. Der Betroffene weiß selbst nichts mit sich anzufangen und schiebt dem Partner die Verantwortung für die Erfüllung seiner Wünsche und für seine innere Zufriedenheit zu.

Übernehmen Sie Verantwortung für Ihre Eifersucht! Das bedeutet, daß Sie aufhören, Ihren Partner für Ihr Problem verantwortlich zu machen. Ihr Partner macht Sie nicht eifersüchtig, wenn er anderen

Komplimente macht oder freundlich zu ihnen ist. Ihr Partner macht Sie nicht eifersüchtig, wenn er sich für sein Hobby begeistert. Sie machen sich dieses Problem, und nur Sie können es überwinden.

Das Verhalten Ihres Partners sagt nichts über Ihren Wert als Mensch aus. Die Formeln „Wenn ich liebenswert wäre, würde er so etwas nicht tun" oder „Wenn er mich lieben würde, würde er so etwas nicht tun" stimmen nicht.

Das Verhalten Ihres Partners sagt nicht unbedingt etwas über seine Gefühle zu Ihnen aus. So kann beispielsweise ein Heiratsschwindler Ihnen vorspielen, daß er Sie über alles mag. Er kann aufmerksam und charmant sein, aber im Innern keine Spur Liebe empfinden. Wenn Ihr Partner seiner Geschäftskollegin ein Kompliment macht, bedeutet das nicht sofort, daß er Sie nicht mehr liebt. Selbst aber, wenn Ihr Partner Sie nicht mehr in dem Maße wie zu Beginn Ihrer Beziehung liebt, dann heißt das nicht, daß Sie kein liebenswerter Mensch sind. Es bedeutet lediglich, daß Sie nicht mehr seinen Vorstellungen entsprechen. Nicht mehr und nicht weniger.

Gedanken eifersüchtiger Menschen

1. *„Ohne ihn bin ich ein Nichts."*
Das ist ein sehr vernichtendes Urteil über Sie. Wenn Sie so denken, dann machen Sie Ihren Wert von einem anderen Menschen abhängig.

Überlegen Sie einmal für einen Moment. Wie war das, ehe Sie diesen Menschen kennengelernt haben? Haben Sie nicht Jahre oder gar Jahrzehnte ohne ihn gelebt? Waren Sie all diese Jahre ein Nichts? Natürlich nicht. Sie sind, was Sie schon immer waren und immer sein werden: ein fehlerhafter, aber trotzdem wertvoller Mensch. Gleichgültig, was andere sagen oder tun, ob diese Sie akzeptieren und lieben, es ändert sich nichts daran.

Ihr Wert als Mensch hängt nicht von der Anerkennung und Liebe anderer Menschen ab. Hören Sie deshalb auf, so ein vernichtendes Urteil über sich auszusprechen.

2. *„Er gehört nur mir."*
Niemand gehört einem anderen. Selbst Gesetze wie zu Zeiten des

Sklavenhandels können die Freiheit und Unabhängigkeit des einzelnen Menschen nicht abschaffen.

Eine Partnerschaft oder Ehe ist lediglich eine Übereinkunft zweier Menschen, ein Stück des Weges gemeinsam zu gehen. Gleichgültig, wieviel Sie dem anderen gegeben haben, wieviel Zeit, Liebe und Energie Sie investiert haben, Sie haben kein Recht darauf, daß der andere für immer bei Ihnen bleibt. Nur weil Sie vielleicht denken, daß Sie es nach allem, was Sie für ihn getan haben, nicht verdient haben, von Ihrem Partner verlassen zu werden, heißt das nicht, daß er es nicht tun darf.

Sie können sich Kleider und Möbel kaufen und diese gehören dann Ihnen. Sie können jedoch keinen Menschen kaufen.

Es ist verständlich, daß Sie enttäuscht sind, wenn Ihr Partner Ihnen keine Zuneigung und Liebe mehr entgegenbringt. Es ist verständlich, wenn Sie ihm nachtrauern und seinen Entschluß bedauern. Es ist verständlich, wenn Sie mit ihm zusammenbleiben wollen. Es ist jedoch sehr ungesund und auch im höchsten Maße gefährlich, Ihren Partner zu Ihrem Besitz zu erklären.

3. „Er macht mich lächerlich. Er blamiert mich."

Wieso macht Ihr Partner Sie lächerlich, wenn er freundlich zu anderen ist, mit ihnen tanzt und sich amüsiert? Niemand kann Sie blamieren und lächerlich machen, solange Sie nicht selbst denken, daß Sie sich blamieren und lächerlich machen. Das Problem ist auch hier wieder Ihre geringe Selbstachtung. Sie denken, das Verhalten Ihres Partners beweise, daß Sie nicht mehr so interessant und wichtig sind. Sie denken vielleicht, daß Ihr Partner Ihnen Hörner aufsetzt und alle Sie dafür auslachen werden. Wenn Sie sich selbst respektieren, dann sind Sie nicht verletzlich. Beschuldigen Sie also nicht Ihren Partner, daß er Sie zum Narren macht oder blamiert. Er tut es nicht.

Begründete Eifersucht: Gibt es das?

In der Therapie fragen uns unsere Klienten immer wieder, wie man sich verhalten solle, wenn die Eifersucht begründet ist, d.h. wenn der Partner tatsächlich fremd geht. Dazu möchten wir folgendes sagen:

Begründete Eifersucht gibt es nicht. Das ist genauso, als würde man sagen, die Angst, durch eine Prüfung zu fallen, sei deshalb gerechtfertigt gewesen, weil man tatsächlich durch die Prüfung gefallen ist. Möglicherweise ist man gerade deshalb durchgefallen, weil man sich so in Panik über das mögliche Versagen versetzt hat, daß man vor lauter Angst keinen klaren Gedanken fassen konnte und total blockiert war.

In Beziehungen, in denen ein Partner sehr eifersüchtig ist, kommt es zuweilen vor, daß der "terrorisierte" Partner aus Trotz fremd geht. Er ist es so leid, immer wieder unterstellt zu bekommen, daß er etwas mit anderen habe, daß er sich quasi sagt: „Wenn ich schon die ganze Zeit verdächtigt werde und mir Vorhaltungen machen lassen muß, dann kann ich es auch tun".

Das ist dann zwar keine sehr vernünftige Entscheidung, aber sie ist verständlich. Und natürlich ist das eifersüchtige Verhalten auch keine Rechtfertigung, um fremd zu gehen.

Viel wichtiger als die Frage, ob es eine begründete Eifersucht gibt, ist die Frage: „Möchte ich eifersüchtig sein? Möchte ich mich durch diese negative Angewohnheit lähmen und in meinem Leben einengen lassen - gleichgültig, ob meine Eifersuchtsphantasien eine reale Basis haben oder nicht?".

Was Sie gegen Ihre Eifersucht tun können

1. Machen Sie sich klar: „Ich bin es, der sich eifersüchtig macht, nicht mein Partner. Mein Partner hat keine Schuld".

2. Arbeiten Sie an Ihrer Selbstachtung. Vermeiden Sie es, Ihren Wert als Mensch von anderen und deren Verhalten abhängig zu machen. Sie sind ein wertvoller und liebenswerter Mensch, einfach weil Sie existieren. Nichts und niemand auf der Welt kann daran etwas ändern. Es ist Ihre Entscheidung, sich anzunehmen und zu achten. Sie überwinden Ihre Eifersucht nicht dadurch, daß Sie Ihren Partner zwingen, Sie zu lieben. Lieben Sie sich selbst, und Sie haben dieses und viele andere Probleme gelöst.

3. Wenn Sie möchten, daß Ihr Partner bei Ihnen bleibt, dann hören Sie

auf, ihn wie einen Schwerverbrecher zu verhören und anzugreifen. Hören Sie auf, ihm Vorwürfe zu machen und ihm nachzuspionieren. Durch solches Verhalten erreichen Sie nur, daß Ihr Partner sich innerlich mehr und mehr von Ihnen distanziert und abwendet. Kein Mensch mag es, wenn man ihn wie sein Eigentum behandelt.

4. Nehmen Sie nicht alles persönlich!
Wenn Ihr Partner sich freundlich mit einem Geschäftskollegen oder einem Bekannten unterhält, dann ist das kein Angriff auf Ihre Person. Entspannen Sie sich. Ihr Partner ist lediglich freundlich zu anderen. Wenn Sie hinter seinem freundlichen oder höflichen Verhalten gleich eine Liebesaffäre sehen, dann tun Sie ihm vielleicht unrecht. Das wäre, als wenn Sie aus einer kleinen Beule in Ihrem Wagen einen Totalschaden machten.

5. Machen Sie ein ABC. Wählen Sie eine Situation aus, in der Sie sehr eifersüchtig reagiert haben. Fordern Sie Ihre Gedanken heraus und formulieren Sie eine realistische Alternative, die Ihnen hilft, in einer solchen oder ähnlichen Situation weniger erregt zu reagieren.

6. Achten Sie auf Ihre Phantasien. Wenn Sie eine sehr lebhafte Phantasie haben, wenn Sie sich sehr gerne und häufig ausmalen, wie etwa Ihr Partner in den Armen eines anderen liegt, wie er Sie betrügt, usw., dann stoppen Sie solche Phantasien ganz bewußt. Gehen Sie ihnen nicht nach. Sie versetzen sich dadurch nur in helle Aufregung und verstärken Ihre Angst- und Eifersuchtsgefühle.

7. Machen Sie regelmäßig und täglich positive Vorstellungsübungen. Spielen Sie in Gedanken typische Situationen durch, in denen Sie normalerweise eifersüchtig reagieren. Anstatt sich nun aber Ihre eifersüchtigen Gedanken zu machen, rufen Sie sich Ihre realistische Alternative ins Gedächtnis. Stellen Sie sich beispielsweise vor, daß Ihr Partner nicht pünktlich nach Hause kommt. Sie warten auf ihn. Anstatt ihn nun aber in den Armen eines anderen zu sehen, stellen Sie sich vor, daß er noch zu arbeiten hat, in einem Stau steckt, usw. Suchen Sie also nach vernünftigen Erklärungen. Sagen Sie sich: „Daß er später kommt, hat nichts zu bedeuten. Ich habe keinen

Grund, eifersüchtig zu sein".

8. Lesen Sie den folgenden Text für die nächsten 30 Tage mindestens ein Mal täglich durch. Noch besser ist es, wenn Sie ihn auf eine Kassette sprechen und ihn dann anhören:

   „Ab heute entscheide ich mich dafür, meinem Partner zu vertrauen. Gleichgültig, wie sich mein Partner verhält, kann ich entscheiden, wie ich mich fühle. Mein Partner hat das Recht, sich so zu verhalten, wie er es möchte, auch wenn es mir nicht gefällt. Mein Partner ist nicht mein Besitz. Er hat sich bereit erklärt, mit mir den Lebensweg zu teilen. Wenn er nett zu anderen Menschen ist, dann kann ich das akzeptieren. Ich kann mich dabei gut fühlen, wenn ich mir klarmache, daß sein Verhalten nichts mit meiner Person zu tun hat. Ich bin in Ordnung und liebenswert, auch wenn mir mein Partner das nicht ununterbrochen mitteilt."

Wenn Ihnen diese Hilfestellungen nicht genügen, um besser mit Ihrer Eifersucht umzugehen, dann hilft Ihnen vielleicht das Buch von Rolf Merkle <Eifersucht> weiter.

Wie Sie eifersüchtigen Menschen helfen können

1. Gehen Sie nicht auf alle Fragen ein, die Ihnen Ihr eifersüchtiger Partner stellt. Je mehr Sie sich rechtfertigen und versuchen, die Argumente des anderen zu entkräften, umso mehr wird er bohren und nachhaken. Ihr Partner wird sich nicht zufriedengeben. Schweigen Sie deshalb, auch wenn Ihr Partner Ihnen eine Szene macht. Die macht er Ihnen auch, wenn Sie auf seine Fragen eingehen und sie gewissenhaft beantworten.
   Beantworten Sie ein und dieselbe Frage nur zweimal: Gibt sich Ihr Partner damit nicht zufrieden, dann schweigen Sie. Sagen Sie ihm, daß es nichts bringt, weiter darüber zu diskutieren: „Wenn du das so sehen willst, dann ist das für dich so", und schenken Sie seinen Fragen keine weitere Beachtung.

Wenn Ihr Partner Sie fragen würde: „Hast du Martin Luther King umgebracht?", würden Sie dann darauf antworten? Wahrscheinlich nein. Sie fänden die Frage so absurd und aus der Luft gegriffen, daß Sie sie nicht ernst nehmen würden. Anstatt sich endlos gegen absurde Anschuldigungen zu verteidigen, versuchen Sie Ihren Partner so zu beeinflussen, daß er Ihnen immer weniger Szenen macht. Dies erreichen Sie am besten dadurch, daß Sie seine unberechtigten Anschuldigungen ignorieren.

2. Wenn Ihr Schweigen nicht fruchtet, dann greifen Sie zu einem stärkeren Mittel. Machen Sie einen Spaziergang, gehen Sie in ein anderes Zimmer oder gehen gar für ein Wochenende außer Haus, wenn das möglich ist. Damit zeigen Sie Ihrem Partner, daß Sie ihm nicht erlauben, über Sie nach Belieben zu bestimmen.

3. Akzeptieren Sie, daß Ihr Partner ein ernsthaftes Problem hat. Unterstützen Sie ihn darin, dieses Problem zu lösen, indem Sie ihn akzeptieren. Sagen Sie ihm, daß Sie ihn als Mensch mögen und lieben, daß Sie aber sein eifersüchtiges Verhalten nicht tolerieren werden. Denken Sie daran: Eifersüchtige Menschen haben große Angst, nicht geliebt zu werden. Sie haben ein Minderwertigkeitsproblem. Sie können dieses Problem nicht lösen, das kann nur der eifersüchtige Mensch selbst tun. Sie können ihm dabei nur helfen.

12
Probleme beim Sex und was man dagegen tun kann

Barbara ist 28 Jahre alt. Sie hat vor drei Jahren geheiratet. Sie kommt in Therapie, weil ihr sexuelles Verlangen stark nachgelassen hat. Insbesondere der Geschlechtsverkehr ist ihr sehr unangenehm und lästig. Vor der Heirat hatte sie zwar auch schon kein so starkes Verlangen nach Sex, wie sie sagt, sie hatte aber nicht so eine Abneigung dagegen wie jetzt. Während es ihr genügt, alle 14 Tage bis 3 Wochen mit ihrem Mann zu schlafen, will dieser fast täglich.

Peter ist 42 Jahre alt und kommt in Therapie, weil er Erektionsstörungen hat. Er hat oft Schwierigkeiten, einen steifen Penis zu bekommen, oder sein Penis erschlafft, wenn er in die Vagina eindringen will.

Die häufigsten Ursachen solcher und ähnlicher Probleme sind:

1. Unwissenheit und mangelnde Aufklärung
2. Sexualfeindliche und hemmende Gedanken

Unwissenheit und mangelnde Aufklärung

Viele Menschen haben eine falsche Vorstellung davon, wie ein Verlangen oder eine Erregung zustande kommt. Sexuelle Erregung ist eine körperliche Reaktion, die wie jedes Gefühl durch die eigenen Gedanken und sexuellen Phantasien hervorgerufen wird. Schauen wir uns ein Beispiel an:

A Situation
Sie sehen einen Mann oder eine Frau

B Bewertung
Sie finden ihn sympathisch und stellen sich vor, wie schön es wäre, wenn er Sie streicheln würde, usw. (Sie machen sich anregende und stimulierende Gedanken und Bilder.)

C Gefühl
Sie spüren eine sexuelle Erregung.

Es ist so gut wie unmöglich, daß Sie sexuell erregt sind und sich gleichzeitig in Gedanken mit etwas für Sie Bedrohlichem oder Langweiligem beschäftigen. Sexuelles Verlangen ist in erster Linie eine Reaktion auf unsere erregenden Gedanken. Unser Körper reagiert auf sie mit Muskelanspannung, Hormonausschüttung, vermehrtem Herzschlag, usw.

Es ist also nicht der Partner, der uns "anmacht" oder erregt. Ihr Partner kann Sie nicht erregen und kann Ihnen auch nicht die Lust nehmen. Machen Sie ihn deshalb nicht dafür verantwortlich, daß Sie nichts oder nichts mehr für ihn empfinden. Er kann nichts dafür. Behalten Sie diese Tatsache im Auge. Wir wissen, für Sie ist der Gedanke neu und ungewohnt, daß Sie sich selbst das Verlangen machen. Auf der anderen Seite ist das aber auch Ihre große Chance. Es bedeutet, daß Sie etwas dafür tun können, um eine befriedigende Sexualbeziehung zu haben.

Sexualfeindliche und hemmende Gedanken

Es ist so gut wie unmöglich, daß Sie erregt sein können, wenn Sie sich Gedanken machen wie:

1. „Was ist, wenn meine Scheide trocken bleibt?
   wenn mein Penis erschlafft?
   wenn ich zu früh komme?
   wenn ich nicht gut genug bin?"

Hinter diesen rhethorischen Fragen steckt die Folgerung: „Das wäre eine Katastrophe, wenn das passieren würde! Das wäre nicht zu ertragen!". Diese Folgerung führt zwangsläufig zu großer Angst. Was wäre aber tatsächlich, wenn das eintreten würde, was Sie befürchten? Ist es so schlimm, keinen Orgasmus zu haben oder seine Erregung zu verlieren? Sind Sie eine Sexmaschine, bei der man nur auf den Knopf drücken muß, und schon funktioniert sie?

Wenn Sie aufhören, sich darum zu sorgen, wird die Erregung kommen.

2. „Ich muß es schaffen, eine Erektion zu bekommen",
meine Partnerin zu befriedigen",
immer Lust zu haben".

Immer dann, wenn Sie denken „Ich muß ...", erzeugen Sie bei sich einen enormen Druck und setzen sich unter Anspannung. Das ist jedoch der beste Weg, um sich nicht zu erregen.

Eine Erregung ist nichts, das man mit aller Gewalt erzwingen kann. Sex besteht nicht nur darin, daß man miteinander schläft. Das ist eine Möglichkeit des Sex. Sexualität ist alles, was mit dem Körper und der Beschäftigung damit zu tun hat. Sich sexuell zu betätigen, bedeutet auch, sich nur zu streicheln und manuell zu stimulieren. Ihr Partner und Sie müssen dabei keinen Orgasmus haben.

3. „Ich bin kein richtiger Mann, keine richtige Frau,
wenn ich keinen hochkriege",
wenn ich keinen Orgasmus bekomme",
wenn ich meinen Partner nicht befriedigen kann".

Machen Sie sich von diesen Gedanken frei. Keinen Orgasmus zu haben bedeutet lediglich, keinen Orgasmus zu haben. Es gibt immer ein nächstes Mal. Selbst wenn Sie nie einen steifen Penis bekämen, dann wären Sie trotzdem ein Mann oder eine Frau. Entspannen Sie sich und machen Sie sich erregende Gedanken. Lassen Sie es auf sich zukommen. Sagen Sie sich: „So weit, wie ich kommen werde, ist es in Ordnung".

4. „Ich sollte mich nicht selbst befriedigen",
„Ich sollte keine Befriedigung mit dem Mund praktizieren",
„Mein Partner sollte mich nicht an dieser Stelle berühren".

Derartige Forderungen klingen wie allgemeingültige Regeln. Hinter ihnen verbergen sich jedoch nur falsche oder veraltete Moralvorstellungen und persönliche Erwartungen.

Überprüfen Sie, ob Ihre Forderungen wirklich begründet sind. Fast jeder Mensch hat "abweichende" sexuelle Bedürfnisse. Wenn keine medizinischen oder gesundheitlichen Gründe dagegen sprechen, dann können Sie tun, was Ihnen Spaß macht, und womit Ihr Partner einverstanden ist. Probieren Sie neue Stellungen und Variationen des Liebesspiels aus.

5. „Ich muß unbedingt mit meinem Partner schlafen, sonst bin ich kein guter Partner",
„Ich bin dafür verantwortlich, daß mein Partner sexuell befriedigt ist",
„Ich muß mit ihm schlafen, auch wenn ich keine Lust habe".

Solche und ähnliche Gedanken führen zu massiver Anspannung und Druck. Der Partner, der weniger Lust verspürt, hat dann nur zwei Möglichkeiten. Entweder er schläft nicht mit seinem Partner und fühlt sich schuldig. Oder aber er schläft wider seine Bedürfnisse mit ihm und tötet sich dabei mit der Zeit seine Lust immer mehr ab. Häufig erleben wir Frauen in unserer Praxis, die sich schließlich vor ihrem Partner und ihrem eigenen Körper ekeln.

Korrigieren Sie deshalb solche Einstellungen, indem Sie sich klarmachen: „Ich muß nicht mit meinem Partner schlafen. Er hat kein Anrecht darauf. Ich habe die Freiheit zu entscheiden, ob und wann ich möchte. Ich kann ihn auch mit meinen Händen befriedigen. Es gibt keine Norm, wie oft und wie lange ich mit meinem Partner schlafen muß. Das ist lediglich eine Absprache zwischen mir und ihm. Wenn ich weniger Bedürfnisse habe, bin nicht nicht abnormal sondern nur anders wie mein Partner".

6. „Typisch Mann, nur das eine im Kopf",
„Wenn er so mit mir umspringt, dann soll er das auch nicht bekommen",
„Ich mach´ doch nicht die Beine breit, nur weil er will".

Solche und ähnliche Gedanken führen zu Ärger und Rebellion gegenüber Ihrem Partner. Wenn Sie mit Ihrem Partner eine befriedigende sexuelle Beziehung haben möchten, dann sollten Sie die Alltagskonflikte nicht auf diesem Weg austragen. Sprechen Sie mit Ihrem Partner, was Sie an seinem Verhalten stört.

7. „Bestimmt werde ich versagen",
   „Ich bin nicht gut genug",
   „Ich muß unbedingt einen Orgasmus bekommen".
   „Ich muß ein steifes Glied bekommen".

Mit solchen Gedanken verkrampfen Sie sich und versetzen sich in Angst. Wenn Sie sich solchermaßen unter Druck setzen, dann können Sie ziemlich sicher sein, daß genau das eintritt, was Sie unter allen Umständen vermeiden wollen: der Penis bleibt schlaff und der Orgasmus bleibt aus.

Wenn Sie sich dann zu allem Unglück auch noch deprimiert machen, und sich vorwerfen, "mal wieder" versagt haben, dann sollten Sie ernsthaft Ihre Gedanken und Einstellungen überprüfen.

Entspannen Sie sich. Sie nehmen an keinem Wettbewerb teil, bei dem es darum geht, als Sieger durchs Ziel zu gehen. Dabei sein ist alles, nicht der Sieg.

Sie müssen keine Leistung bringen. Hören Sie auf, sich selbst zu benoten und sich für jedes "Versagen" ein dickes Minus zu geben. Sex ist dazu da, daß man Spaß hat und sich entspannt, und nicht, um den Leistungsdruck im Alltag auch noch im Bett fortzusetzen.

Wie kann ich ein zufriedenstellendes Sexualleben erreichen?

1. Akzeptieren Sie sich, wie Sie sind.
   Nehmen Sie sich Zeit für sich und Ihren Körper. Stellen Sie sich nackt vor den Spiegel und schauen Sie sich Ihren Körper an. Freunden Sie sich mit ihm an. Ihr Körper ist schön, so wie er ist, mit all seinen Unregelmäßigkeiten, Falten, usw. Wenn Sie Ihren Körper selbst nicht mögen, können Sie sich auch nicht entspannen und sich hingeben.
   Berühren Sie sich zärtlich und erforschen Sie die sensiblen Stellen Ihres Körpers. Wenn Sie Lust danach verspüren, sich selbst zu

befriedigen, dann tun Sie es.

2. Entwickeln Sie eine positive Beziehung zu Ihrem Partner. Die Angst zu versagen, hemmt Sie, sich hinzugeben. Sprechen Sie mit Ihrem Partner über Ihre Ängste und anderen negativen Gefühle. Auch Ärger über den Partner ist häufig ein blockierendes Gefühl. Sprechen Sie mit dem Partner darüber, was Sie im Alltag ärgert, wo Sie enttäuscht waren und was Sie sich genau anders wünschen. Wenn Sie sich unverstandern und allein gelassen fühlen, können Sie sich sexuell nicht öffnen.

3. Machen Sie sich sexuell anregende Gedanken. Welche Phantasien und Bilder versetzen Sie in Erregung? Setzen Sie Ihren Kopf ein, um sich zu erregen. Wir wissen, das klingt alles andere als natürlich, aber so funktioniert unser Körper nun mal. 90% der Erregung kommt durch Ihre Gedanken und nur 10% durch die körperliche Berührung zustande.

4. Konzentrieren Sie sich darauf, es sich möglichst schön zu machen. Seien Sie egoistisch. Je mehr Sie das Zusammensein mit Ihrem Partner genießen, umso mehr wird er es genießen. Durch Gedanken wie: „Hoffentlich mag er das, hoffentlich kommt er zum Höhepunkt", zerstören Sie Ihre Erregung.

5. Seien Sie kein Sexmuffel. Probieren Sie öfter mal was Neues aus. Lieben Sie sich am Morgen oder am Mittag, im Bad oder im Wohnzimmer, auf dem Sofa, usw. Werfen Sie die Verbote in Ihrem Kopf über Bord und tun Sie, was Sie und Ihr Partner genießen. Möchte Ihr Partner unbedingt Gruppensex oder die Züchtigung mit der Peitsche und Ihnen macht es keinen Spaß, so müssen Sie beide nach einer anderen Form der sexuellen Betätigung suchen. Die Regel heißt: Es muß beiden Spaß machen. Begriffe wie "verklemmt" helfen nicht weiter.

6. Teilen Sie Ihrem Partner mit, was Sie mögen. Ihr Partner ist kein Hellseher. Der eine mag es von oben, der andere von unten, der eine mag es, wenn man ihn hart anfaßt, der andere mag es, wenn man

sanft ist. Die lustempfindlichen Stellen sind bei jedem Menschen verschieden. Zeigen Sie Ihrem Partner, was Sie mögen.

7. Machen Sie Vorstellungsübungen. Stellen Sie sich mehrmals am Tag vor, wie Sie mit Ihrem Partner schlafen. Machen Sie sich erotische Bilder und Phantasien, mit denen Sie sich auf Touren bringen können. Stellen Sie sich vor, wie es Ihnen Spaß macht und Sie das Intimsein genießen.

8. Werfen Sie die Normen über Bord, wie häufig, wie intensiv man lieben muß, daß man einen Höhepunkt haben muß, daß Ihr Partner Sie nicht mehr liebt, wenn er nicht mit Ihnen schlafen möchte. Erregung kann nicht entstehen, wenn "sie entstehen muß".

9. Gestehen Sie sich zu, weniger oder mehr "sexuell bedürftig" zu sein als ihr Partner. Begriffe wie "frigide, impotent, gefühlskalt" oder aber "Sexprotz" helfen hier nicht weiter. Sprechen Sie mit Ihrem Partner ab, wie Sie den Konflikt so lösen können, daß jeder zumindest ein Stück seine Bedürfnisse befriedigen kann. Selbstbefriedigung, Petting, Befriedigung mit Händen und Mund sind beispielsweise Kompromißmöglichkeiten. Sexuelles Bedürfnis ist vergleichbar mit Hunger. Nur weil man sich liebt, hat man nicht zur gleichen Zeit Hunger und auch nicht auf das gleiche Essen. Sexuelle Bedürfnisse ändern sich auch mit der Zeit. In Zeiten der körperlichen Erschöpfung lassen sie beispielsweise nach.

10. Vorwürfe wie „Früher warst du einmal anders" helfen nicht weiter. In den Zeiten der Verliebtheit hat man sich meist nicht so häufig gesehen und sich zudem den ganzen Tag gedanklich auf das Zusammentreffen vorbereitet, sodaß die sexuelle Stimmung dann beim Rendezvous da war. Heute beschäftigen Sie sich vielleicht den ganzen Tag damit, wie Sie die Wäsche gebügelt bekommen und was es am Abend zu essen geben soll. Das sind wahrlich keine erregenden Gedanken. Wenn Sie dann zuhause sind und ihr Partner kommt deutlich sexuelles Interesse signalisierend auf Sie zu und Ihnen fällt ein, daß Sie noch den Garten sprengen und die Wohnung putzen müssen, dann kann der Funke nicht auf Sie

überspringen. Sie fühlen sich stattdessen bedrängt und unverstanden.

Planen Sie sich deshalb gezielt Zeit für das Zusammensein mit dem Partner ein. Schicken Sie die Kinder ins Bett oder, besser noch, übers Wochenende zu den Großeltern, und stellen Sie sich auf den Partner ein, so wie Sie es früher beim Rendezvous gemacht haben. Ziehen Sie sich hübsch an, schmücken Sie die Wohnung, zünden Sie Kerzen an, oder was auch immer Sie in eine harmonische Stimmung bringt. Sie können auch einen erotischen Roman zusammen lesen, sich einen Sexfilm ausleihen, zusammen unter der Dusche massieren und Reizwäsche anziehen. Alles ist legitim, was ihnen beiden guttut.

11. Machen Sie Ihrem Partner deutlich, wann Sie nur Zärtlichkeit und Kuscheln wollen und wann mehr. Es ist in Ordnung, manchmal nur die körperliche Berührung zu wünschen. Sollte Ihr Partner dann "mehr" wollen, müssen Sie ein andere Lösung als den Geschlechtsverkehr suchen - eine Lösung, die beiden entgegenkommt.

13
„So eine Unverschämtheit" Mensch ärgere dich nicht

Roland ist 39 Jahre. Es vergeht kein Tag, an dem er nicht aus der Fassung gerät. So etwa, wenn er morgens zur Arbeit fährt und sich der Verkehr, wie gewöhnlich, staut, oder wenn er am Abend vor dem Fernseher sitzt und das Programm mal wieder nichts "hergibt". Meist sind es Bagatellen, wie sich Roland im nachhinein eingesteht. Daß er bislang noch keine körperlichen Folgeerscheinungen wie Magengeschwüre und Bluthochdruck davongetragen hat, verdankt er wohl nur der Tatsache, daß er seinem Ärger stets Luft machte. Er behielt seinen Ärger nicht für sich, sondern zeigte ihn, indem er laut vor sich hinschimpfte, Türen knallte, usw.

Anders Bernhard. Bernhard ärgerte sich nicht weniger häufig als Roland. Ihm sah man es jedoch meist nicht an, wenn er sich ärgerte. Er schluckte seinen Ärger hinunter. Die Folge davon war, daß er bereits mit seinen 33 Jahren an einem Magengeschwür operiert worden war.

„Also ist es besser, seinem Ärger freien Lauf zu lassen, als ihn hinunterzuschlucken?"

Wenn Sie so fragen: Ja, es ist gesünder, seinen Ärger zu zeigen, als ihn für sich zu behalten. Es gibt jedoch noch eine viel bessere und gesündere Alternative, nämlich sich erst gar nicht zu ärgern. Wie und warum das möglich ist, möchten wir Ihnen im folgenden zeigen. Schauen wir uns zunächst einmal an, warum wir uns ärgern.

1. Ärger über andere

Ärger ist ein Gefühl, das Sie wie all Ihre Gefühle durch Ihre Gedanken hervorrufen. Es ist unmöglich, daß Sie sich ärgern, ohne sich ärgerliche Gedanken zu machen.

Gedanken, mit denen Sie sich ärgerlich machen, sind:

„Der andere hat kein Recht, so etwas zu sagen!"
„Er hätte das nicht tun dürfen!"
„Er sollte nicht so ungerecht sein!"
„So eine Unverschämtheit. Dem werd ich´s zeigen!"

Alle diese Gedanken haben eines gemeinsam: Sie erwarten oder fordern, daß alles nach Ihren Wünschen und Vorstellungen verlaufen muß. Sie sind davon überzeugt, daß Ihre Meinung die absolut richtige und einzig wahre ist. Sie sprechen dem anderen das Recht ab, so zu denken, fühlen und handeln, wie er es für richtig hält. Sie verhalten sich wie ein Diktator, der nur seine Meinung und seine Maßstäbe gelten läßt. Nicht nur das: Sie verurteilen den anderen für seine Andersartigkeit und halten ihn für einen schlechten und minderwertigen Menschen.

Warum aber hat der andere nicht das Recht, sich so zu verhalten, wie er es möchte und für richtig findet? Vielleicht denken Sie: „Weil es ungerecht ist, weil ich es auch nicht tue, weil es verboten ist, weil es gefährlich ist, weil es unanständig ist, weil ich das nicht verdient habe", usw.

Warum aber dürfen andere Menschen nichts tun, was Ihnen schadet, was Sie nicht verdient haben, was ungerecht ist, usw.? Haben wir eine Garantie oder einen Anspruch darauf, gerecht und fair behandelt zu werden? Nein. Sicherlich, es wäre schöner, wenn andere Menschen uns stets fair und gerecht behandeln würden, einen Anspruch darauf haben wir jedoch nicht. Die Welt und die Menschen schulden uns nichts, nicht einmal Gerechtigkeit.

Ganz abgesehen davon ist es unmöglich, daß andere Menschen immer das tun, was wir für richtig finden. Das würde nämlich voraussetzen, daß alle Menschen in ihrer Persönlichkeit und in ihren Bedürfnissen, ihrem Denken und Fühlen gleich sind. Das würde bedeuten, daß es keine unterschiedlichen Ansichten und Meinungen gäbe, daß wir Einheitsmenschen wären, die sich in nichts vom anderen unterschieden. Möchten Sie das? Ich glaube kaum. Die Welt wäre ein langweiliger Ort.

So gäbe es nur eine Automarke, nur eine politische Partei, nur eine Sorte Kleidung, nur eine Religion, nur eine Art von Möbeln, nur eine Brillenform, nur ein Standardgericht zum Essen, nur eine Sorte Gemälde, usw. In einer solchen Welt wollte ich nicht leben. Erst die Abwechslung und die Vielfalt, die Andersartigkeit und Verschiedenheit bringt etwas Farbe in das Leben und macht es interessant.

Keine zwei Menschen sind gleich. Alle Menschen machen von Kindesbeinen an unterschiedliche Erfahrungen. Sie wachsen in verschiedenen Umwelten auf und haben Eltern, die sich in ihren Ansichten und Meinungen unterscheiden. Nicht einmal Geschwister, die dasselbe Elternhaus haben, sind gleich. So ist es ganz normal, daß sich Menschen in ihrer Persönlichkeit unterscheiden.

„Soll man denn zu allem ja und Amen sagen? Soll ich alles gutheißen?"

Nein, das verlangen wir nicht. Wir sagen nicht, daß Sie alles gut finden müssen, was andere Menschen tun. Wir sagen lediglich: All Ihr Ärger ändert nichts am Verhalten Ihrer Mitmenschen.

Hat all Ihr Ärger in den vergangenen Jahren dazu geführt, daß Ihre Mitmenschen sich geändert haben, daß die Welt gerechter geworden ist? Nein, im Gegenteil. Wenn Sie ärgerlich auf das Verhalten eines anderen Menschen reagieren, dann ist es sehr wahrscheinlich, daß dieser ebenfalls ärgerlich wird.

Außerdem ist es sehr wahrscheinlich, daß der andere seine Meinung um so mehr verteidigt, je mehr Sie auf Ihrer beharren. Es geht dann meist nicht mehr um die Austragung einer Meinungsverschiedenheit, sondern lediglich darum, sein Gesicht nicht zu verlieren. Da jeder das Nachgeben als eine Schande und eine Niederlage ansieht, trennt man sich lieber in Feindschaft und Zorn. Zu alledem ist man dann auch noch stolz auf sich, weil man denkt, daß man es dem anderen "mal wieder" gegeben hat.

„Aber wenn ich mich nicht aufrege, dann meinen die anderen doch, sie könnten mit mir machen, was sie wollen."

Das ist ein weit verbreiteter Irrtum. Gerade das Gegenteil ist der Fall. Wenn Sie wütend sind, dann sagen Sie dem anderen dadurch: „Schau her. Eben hast du einen wunden Punkt von mir getroffen". Der andere weiß nun, wie er Sie manipulieren kann. Kinder sind Meister im Aufspüren wunder Punkte. Wissen sie erst einmal, wo sie ihre Eltern treffen können, dann machen sie sich nicht selten ein Spiel daraus, gerade das zu tun, was ihre Eltern nicht mögen. Reagieren die Eltern dann wütend, triumphieren die Kinder. Sie haben ihr Ziel erreicht.

Ärger ist ein Gefühl, das Sie lähmt. Sie sind dann nicht mehr in der Lage, einen kühlen Kopf zu bewahren und vernünftige Entscheidungen zu treffen.

Sich nicht zu ärgern, bedeutet nicht, daß man das Verhalten des anderen billigt, gutheißt oder klein beigibt. Indem Sie dem anderen in einem ruhigen, aber bestimmten Ton sagen, daß Sie sein Verhalten nicht billigen, erreichen Sie meist mehr als durch unkontrollierten Ärger.

Wenn Sie sich ärgern und sich sagen: „Dem werd ich´s zeigen", dann sind Sie auf dem Holzweg. Der einzige Mensch, dem Sie es zeigen, sind Sie selbst. Sie bereiten sich eine Menge unguter Gefühle und vergiften Ihren Körper mit Wut. Ihre Bestrafung, die Sie dem anderen zugedacht haben, fügen Sie sich selbst zu. Ihr Magen beginnt zu rebellieren und das Herz schlägt schneller. Sie sind im Nacken- und Schulterbereich angespannt und zittern vielleicht.

Seien Sie ehrlich: Ist es das wert? Wollen Sie wirklich den Preis dafür bezahlen, daß Sie sich in Gedanken rühmen können, „es dem anderen gegeben zu haben"?

Denken Sie daran: Es gibt verschiedene Gründe, warum der andere sich so verhält: weil er es nicht besser weiß; weil er es nicht besser kann; weil er Angst hat, sein Gesicht zu verlieren; weil er von Ihnen beachtet werden will, usw. Sie tun ihm womöglich unrecht, wenn Sie denken, er tue es nur, um Sie zu ärgern, oder weil er etwas gegen Sie hat. Selbst aber wenn das die Motive für sein Handeln sein sollten, was erreichen Sie damit, daß Sie sich darüber ärgern? Nichts außer dem einen: Sie tun genau das, was der andere beabsichtigt hat. Sie sind ihm auf den Leim gegangen.

2. Ärger über sich selbst

Wenn Sie sich häufig über andere ärgern, dann machen Sie mit dieser negativen Angewohnheit bestimmt auch nicht vor sich selbst halt. Sie haben dann sicherlich ein ganzes Bündel von Forderungen, die Sie an sich stellen und auf deren Einhaltung Sie kompromißlos bestehen. Erfüllen Sie diese selbst aufgestellten Forderungen nicht, dann ärgern Sie sich über sich selbst. Sie verurteilen sich dafür, daß Sie wieder mal so dumm, vergeßlich, nachgiebig, gehemmt, großzügig, unsicher, vertrauensselig, freundlich, boshaft und, und ... waren. Das Ergebnis davon ist: Sie sind verzweifelt und deprimiert.

Sie lassen dabei außer acht, daß Sie lediglich ein fehlerhafter Mensch sind. Gleichgültig, wie sehr Sie sich bemühen, es wird Ihnen nie gelingen, immer das Richtige zu tun. Da Sie nicht in die Zukunft schauen und in den Köpfen der anderen Menschen lesen können, ist es unmöglich, daß Sie immer genau vorhersehen können, was im nächsten Moment passiert.

Wenn Sie von sich Perfektheit fordern, dann sind Sie zum Scheitern verurteilt. Anstatt sich über Ihre Fehler und Ihre Unvollkommenheit zu ärgern und sich dafür zu bestrafen, wäre es besser, wenn Sie diese ruhig akzeptieren würden. Dann wären Sie in der Lage, daran zu arbeiten und sie Schritt für Schritt auszumerzen.

„Kann Ärger nicht auch hilfreich sein?"

Ärger, der Sie nicht lähmt, sondern im Gegenteil Ansporn für Sie ist, etwas gegen das "Ärgernis" zu unternehmen, kann sogar sehr sinnvoll sein. Wenn Sie sich darüber ärgern, daß unsere Umwelt mehr und mehr verseucht wird, und Sie treten aktiv für den Umweltschutz ein, dann ist Ihr Ärger sinnvoll. Wenn Sie sich darüber ärgern, daß so viele Menschen verhungern, obwohl für alle genug zu essen da wäre, und Sie unternehmen etwas im Rahmen Ihrer Möglichkeiten, dann ist Ihr Ärger sinnvoll.

Ärger ist nur dann nicht sinnvoll, wenn Sie nicht gleichzeitig etwas gegen das "Ärgernis" unternehmen, oder wenn er so stark ist, daß er Sie unfähig macht, einen klaren Gedanken zu fassen, und Sie sich und anderen Menschen dadurch schaden.

Ärger und Minderwertigkeitsgefühle

Wenn Sie sich ärgern, dann fühlen Sie sich von einem Menschen zu Unrecht angegriffen. Sie sehen im Verhalten des anderen eine Bedrohung, gegen die Sie sich verteidigen wollen. Sicherlich gingen Ihnen schon einmal ähnliche Gedanken durch den Kopf wie:

„Der denkt wohl, er kann mit mir machen, was er will!"
„Ich laß´ mich doch nicht zum Hampelmann machen!"
„Ich bin doch nicht blöd und laß´ das auf mir sitzen!"
„Ich laß´ mich doch nicht unterbuttern!"
„Ich laß´ mir doch nicht alles gefallen!"
„So blöd, wie der denkt, bin ich auch nicht!"

Hinter Äußerungen und Gedanken dieser Art stecken eine große Unsicherheit und ein starkes Gefühl der Minderwertigkeit. Sie sehen im Verhalten des anderen einen niederträchtigen und gemeinen Angriff auf Ihre Person. Um dem anderen zu beweisen, daß Sie nicht der dumme, kleine, unselbständige Hampelmann sind, haben Sie Rachegelüste und wollen es dem anderen zeigen. Vielleicht reagieren Sie sogar aggressiv und werden handgreiflich, um dem anderen zu zeigen, daß Sie im Grunde doch ein starker Kerl oder eine starke Frau sind, mit der man nicht nach Belieben umspringen kann.

Wenn Sie zu Handgreiflichkeiten neigen und es anderen zumindest in Gedanken heimzahlen wollen, dann tun Sie gut daran, an sich zu arbeiten. Das Problem ist nicht das Verhalten Ihrer Mitmenschen. Diese tun Ihnen nichts. Sie treffen mit ihren Worten oder ihrem Verhalten lediglich einen wunden Punkt von Ihnen: Ihre Minderwertigkeitsgefühle.

Im Grunde genommen haben Sie nämlich von sich selbst eine sehr geringe Meinung. Sie halten sich selbst für dumm, blöd und all die anderen Dinge, die Sie aus den Worten des anderen heraushören. Da Sie von sich selbst gering denken, sind Sie sehr hellhörig, wenn andere von Ihnen sprechen. Hinter den Worten der anderen Menschen hören und sehen Sie häufig einen Angriff, obwohl diese es gar nicht so meinten. Sie liegen ständig auf der Lauer, um vermeintliche Attentäter abzuwehren. Das kostet sehr viel Energie, und Sie zahlen damit einen sehr hohen Preis. Sie sind stets angespannt und sind nicht in der Lage, befriedigende Beziehungen zu anderen Menschen zu haben, die Sie sich im Grunde genommen doch so sehr wünschen. Durch Ihr Verhalten machen Sie sich stets zum Außenseiter. Die Menschen fürchten Sie, aber sie respektieren Sie nicht.

Wenn Sie damit aufhören wollen, dann müssen Sie lernen, anders von sich zu denken. Sie müssen sich selbst mehr achten, ehe Sie von anderen geachtet werden können. Sie müssen sich selbst respektieren, ehe Sie von anderen respektiert werden können. Lesen Sie in diesem Buch besonders aufmerksam das Kapitel über die Selbstachtung. Es erfordert ein hartes Stück Arbeit, wenn Sie Ihr aggressives Verhalten ändern wollen. Sie müssen sich dann immer wieder klarmachen, daß die anderen Sie nicht bedrohen, und daß Sie deshalb auch keinen Grund haben, sich ihnen gegenüber aggressiv zu verhalten.

Wie Sie den Ärger aus Ihrem Leben verbannen können

1. Ändern Sie Ihre Einstellung.
   Hören Sie auf, von sich und anderen Menschen zu fordern, anders sein zu müssen. Machen Sie sich klar, daß die Menschen sich in ihren Meinungen und Ansichten unterscheiden. Jeder Mensch hat ein Recht auf seine Meinung, auch wenn sie falsch ist. Jeder Mensch hat das Recht, sich zu irren und das Falsche zu tun. Andere werden ihre Meinung erst dann ändern, wenn sie es möchten - vielleicht niemals.

2. Streichen Sie die Worte "sollte" und "darf nicht" aus Ihrem Wortschatz. Ersetzen Sie diese Worte durch: „Es wäre besser, angenehmer, schöner", usw.
   Wenn Sie sich beispielsweise darüber ärgern, daß Sie sich wieder mal geärgert haben, wo Sie doch damit aufhören wollten, dann machen Sie sich klar: „Es wäre besser, wenn ich mich nicht geärgert hätte. Nun ist es passiert und all mein Ärger ändert daran nichts mehr. Anstatt mich zu ärgern, überlege ich mir, wie ich den Ärger in Zukunft in einer solchen Situation vermeiden kann".

3. Erinnern Sie sich immer wieder daran, daß niemand und nichts Sie ärgerlich machen können. Sie alleine entscheiden darüber, ob Sie sich aus der Fassung bringen lassen oder nicht. Es sind nicht die anderen, die Schuld daran haben, daß Sie "verrückt" spielen. Es sind Ihre Forderungen an die anderen. Es ist der Diktator in Ihnen, der anderen das Recht abspricht, so zu denken, fühlen und handeln, wie diese es tun. Niemand kann Sie auf die Palme bringen. Andere können Ihnen zwar die Palme hinstellen, aber Sie entscheiden, ob Sie hochklettern oder unten bleiben.

4. Notieren Sie sich auf einen kleinen Zettel die folgenden Worte: „Ich lasse mir von niemandem diesen Tag ruinieren. Ich weiß, daß es viele Menschen gibt, die das heute versuchen werden. Ich entscheide mich jedoch dafür, mich nicht aus der Fassung bringen zu lassen. Ich gebe ihnen die Erlaubnis, so zu sein, wie sie sind".
   Heften Sie diesen Zettel an den Spiegel in Ihrem Bad und lesen Sie ihn jeden Morgen. Am besten machen Sie sich gleich noch einen zweiten Zettel, den Sie immer bei sich tragen können. Werfen Sie während des Tages ab und zu einen Blick auf ihn.

5. Lächeln Sie und seien Sie freundlich.
   Wenn Sie sich dabei ertappen, daß Sie sich ärgern, dann setzen Sie ein Lächeln auf Ihre Lippen. Wenn ein anderer in Ihrer Gegenwart ärgerlich reagiert, dann seien Sie freundlich. Seien Sie umso freundlicher, je ärgerlicher der andere ist. Sie werden erstaunt sein, wie rasch der andere ebenfalls ruhig und freundlich zu Ihnen ist. Oder würden Sie wütend auf jemanden sein, wenn dieser freundlich und nett zu Ihnen ist? Wahrscheinlich nicht, zumindest nicht für sehr lange Zeit.
   Wir wissen, daß es Sie einige Überwindung kostet, bei aufkommendem Ärger zu lächeln. Es kommt Ihnen vielleicht gekünstelt vor. Tun Sie es trotzdem. Nehmen Sie sich und Ihr Leben nicht so furchtbar ernst und wichtig. Die Welt und die Menschen in ihr werden keinen Deut besser, wenn Sie sich durch Ärger Ihr Leben versauen.

6. Vergessen Sie nie, daß andere Menschen ebenfalls mit seelischen

Problemen zu kämpfen haben. Oftmals sind die Worte und das Verhalten der Menschen nichts anderes als der Ausdruck einer kranken Seele und eines gestörten seelischen Gleichgewichts. Legen Sie die Worte anderer Menschen also nicht gleich auf die Goldwaage. Beziehen Sie nicht gleich alles auf Ihre Person, was andere tun und sagen. Menschen mit seelischen Problemen können sich nicht wie perfekte Menschen verhalten. Wenn sie es könnten, würden sie es tun. Fragen Sie sich: „Was ist das für ein Mensch, der sich so verhält? Was sagen sein Verhalten und seine Worte über diesen Menschen aus?" Sagen Sie sich: „Der andere tut und sagt, was ihm möglich ist. Das hat nichts mit mir und meiner Person zu tun".

7. Wenn Sie sich beim Ärgern ertappen, stellen Sie sich folgende Fragen: „Mein Ärger ist da und teilt mir mit, daß mir etwas nicht gefällt. Kann ich ändern, was mir nicht gefällt? Wenn ja, will ich es, dann brauche ich mich nicht weiter zu ärgern. Dann nutze ich die Energie und tue etwas. Kann oder will ich es nicht ändern, brauche ich meinen Ärger auch nicht mehr. Dann will ich lernen, die Situation zu akzeptieren, indem ich mir sage: Ich entscheide mich dafür, die Situation anzunehmen, wie sie ist". Vorsicht: Ihr Gefühl wird noch eine ganze Weile sagen, „daß man die Situation einfach nicht so annehmen kann". Sagen Sie sich diesen Satz dennoch immer weiter, bis Ihr Gefühl schließlich mit Ihrer neuen Einstellung übereinstimmt.

8. Zauberwörter, um Ärger abzubauen, sind „Ich gebe die Erlaubnis ..." und „Ich bin bereit, loszulassen". Sie sind die hilfreichen Alternativen zu den Gedanken: „Wie kann der nur ... Der sollte nicht ...". Merken Sie den Unterschied? Bei ersteren Einstellungen erkennen Sie an, daß die anderen denken und sich verhalten dürfen, wie sie möchten. Sie entscheiden sich, sich um Ihre Gefühle zu kümmern. Geben Sie anderen die Erlaubnis zu sein, wie sie nun mal sind, dann sind Sie nicht mehr das Opfer der anderen. Es wird in Ihnen drinnen ein "Wunder" passieren: Die anderen verhalten sich wie immer und Sie fühlen sich dennoch befreit und ruhig. Sie haben diesen die Erlaubnis dazu gegeben und sich gleichzeitig aus der Falle befreit. Die Falle bestand darin, daß Sie glaubten, nur zwei Wahlmöglichkeiten zu haben: entweder die anderen zu ändern oder für

immer ärgerlich zu sein. Doch Sie haben eine dritte Möglichkeit: diesen die Erlaubnis zu geben, so zu sein, wie sie sind. Nutzen Sie diese Freiheit!

9. Arbeiten Sie an Ihrer Selbstachtung. Beginnen Sie, sich selbst mehr zu achten und zu respektieren. Hören Sie auf, sich für Fehler und Schwächen, die Sie haben, zu verurteilen. Seien Sie tolerant zu sich und verzeihen Sie sich Ihre Unvollkommenheit. Lesen Sie hierzu das Kapitel über die Selbstachtung.

10. Lesen Sie den folgenden Text für die nächsten 30 Tage mindestens ein Mal täglich durch. Noch besser ist es, wenn Sie diesen Text auf eine Kassette sprechen und diese so oft wie möglich anhören, z.B. im Auto, auf dem Weg zur Arbeit, in der Freizeit, am Abend, ehe Sie schlafengehen, usw.

„Ab heute entscheide ich mich dafür, mich nicht mehr aus der Fassung bringen zu lassen. Ich weiß, daß mir das nicht auf Anhieb gelingen wird. Eine jahrealte, eingefahrene Gewohnheit legt man schließlich nicht einfach so ab. Wenn ich jedoch daran arbeite, kann ich es schaffen, ungesunden Ärger aus meinem Leben zu verbannen.
Meine Mitmenschen haben, wie ich, ihre Fehler und Schwächen. Wenn sie aufgrund ihrer Unvollkommenheit Dinge sagen oder tun, die mir nicht gefallen, dann brauche ich mich nicht darüber zu ärgern. Andere Menschen haben ein Recht, das zu tun und zu sagen, was sie möchten, auch wenn es falsch ist oder sie mir damit unrecht tun. All mein Ärger kann das Verhalten meiner Mitmenschen nicht ändern. Die Welt schuldet mir nichts. Ich habe keinen Anspruch auf Gerechtigkeit und eine faire Behandlung. Es wäre schöner und besser, wenn die Menschen mehr Rücksicht nehmen würden, aber die Wirklichkeit ist bedauerlicherweise anders. Auch ich mache von Zeit zu Zeit Fehler. Anstatt mich für meine Fehlerhaftigkeit zu verurteilen, akzeptiere ich, daß ich nicht perfekt bin. Anstatt mich darüber zu ärgern, werde ich aus meinen Fehlern lernen. Auf diese Weise erreiche ich am ehesten, daß ich denselben Fehler nicht zweimal mache.

Alle Menschen handeln immer aufgrund ihrer Überzeugungen und Erfahrungen. Da die Menschen sich darin unterscheiden, gibt es auch verschiedene Auffassungen darüber, was richtig und was falsch ist. Menschen sind nicht schlecht oder minderwertig, wenn sie mit mir nicht einer Meinung sind. Ich brauche die Meinung und Ansichten anderer nicht zu teilen, aber ich muß mich auch nicht darüber aus der Fassung bringen. Ich kann anderen Menschen das Recht auf ihre eigene Meinung zugestehen, auch wenn diese falsch sein mag.
Ich bestimme, wie ich mich fühle. So wie ich meine Gefühle kontrolliere, kontrollieren meine Mitmenschen ihre Gefühle. Niemand kann mich ärgerlich machen. Das kann nur ich ganz alleine. Ich bin keine Marionette, die man nach Belieben manipulieren kann. Ich bin ein Mensch, der die Fähigkeit hat, sich so zu fühlen, wie er möchte. Ich werde von dieser Fähigkeit Gebrauch machen und daran arbeiten, diese lähmende und krankmachende Angewohnheit aus meinem Leben zu verbannen."

Schlußwort

„Es sagt sich leicht, was schwer sich tut". Diese Lebensweisheit hat eine besondere Bedeutung, wenn es darum geht, sein Leben zu ändern. Jede Umstellung von alten und fest eingefahrenen Gewohnheiten auf neue hilfreiche Gewohnheiten bedarf der Mühe und Anstrengung.

Es genügt nicht, daß Sie dieses Buch lesen, es dann beiseite legen und darauf warten, daß sich etwas ändert. Sie müssen sich damit solange beschäftigen, bis Ihnen Ihre neue Art des Denkens, Fühlens und Handelns in Fleisch und Blut übergegangen ist.

Stellen Sie sich vor, dieses Buch sei ein Kochbuch mit vielen, vielen Rezepten. Wie würden Sie vorgehen, wenn Sie ein Rezept ausprobieren wollten? Als erstes würden Sie das Rezept aufmerksam durchlesen und überprüfen, ob Sie alle Zutaten im Hause haben. Dann würden Sie Schritt für Schritt die Anweisungen befolgen. Da Sie sich beim ersten Durchlesen nicht alles merken könnten, würden Sie immer mal wieder einen Blick hineinwerfen, um sich zu vergewissern, daß Sie alles richtig machen.

Wenn Sie nun dieses Gericht einmal gekocht haben, kennen Sie dann das Rezept auswendig? Sehr wahrscheinlich nicht. Beim nächsten Mal müßten Sie wieder einen Blick in Ihr Kochbuch werfen und sich vergewissern, daß Sie die Zutaten in der richtigen Reihenfolge und in der richtigen Menge verarbeiten. Je öfter Sie das Gericht kochen, umso weniger benötigen Sie das Kochbuch. Mit der Zeit haben Sie das Rezept im Kopf.

So ist es auch mit diesem Buch und seinen "Rezepten". Es genügt nicht, daß Sie ein einziges Mal einen Blick hineinwerfen und dann das Buch für immer beiseite legen. Halten Sie es griffbereit, um darin immer mal wieder nachschlagen zu können. Es ist unmöglich, daß Sie auf Anhieb alle "Rezepte" auswendig kennen und beherrschen. Ebenso wie das Kochen eine Fertigkeit ist, die man üben muß, um darin gut zu werden, ist die Veränderung von Denk- und Verhaltensweisen eine Frage der Übung und der Zeit. Werfen Sie also nicht gleich die Flinte ins Korn, wenn Sie mehrere Anläufe benötigen, bis Sie Erfolg haben.

Wenn Sie genau nach Rezept ein neues Gericht kochen und es gelingt Ihnen nicht so gut, dann ist das meist nicht die Schuld des Rezeptes. Die Ursache für das unbefriedigende Ergebnis liegt dann in Ihrer Ausführung und daran, daß Sie keine Übung darin haben. Wenn Sie also bei der Anwendung der "Rezepte" dieses Buches nicht den gewünschten Erfolg verspüren, dann machen Sie dafür nicht die "Rezepte" verantwortlich. Es lag dann vermutlich daran, daß Sie keine Übung in dieser Art des "Kochens" haben. Ein manches Mal aber hilft ein noch so gutes Kochbuch nichts. Das Gericht will und will nicht gelingen, obwohl man sich genau an die Anweisungen gehalten hat. Das kommt vor. Man braucht dann jemand, der einem genau vorführt, wie es zu tun ist. Erst durch seine Anleitung und seine Hilfe ist man in der Lage, es nachzumachen.

Wenn Sie also Schwierigkeiten mit den "Rezepten" dieses Buches haben, dann legen Sie das Buch nicht enttäuscht zur Seite und geben diesem Buch die Schuld. Sie können lernen, nach diesen "Rezepten" Ihr Leben zu verändern. Vielleicht aber gelingt Ihnen das besser, wenn Sie einen Therapeuten zu Rate ziehen.

Jede Fertigkeit muß erlernt werden. Auf dem Weg zur Meisterschaft gibt es viele Mißerfolge. Sie sind ein unvermeidbarer Bestandteil jeglichen Lernens. Auch wenn Sie ein Rezept auswendig kennen und es schon einige Male gekocht haben, wird es Tage geben, an denen Ihnen die Zubereitung nicht so gut gelingt. Haben Sie also Geduld mit sich und verzeihen Sie sich Ihre Fehlerhaftigkeit. Versprochen?

Dieses Buch gibt Ihnen die Möglichkeit, Ihre Fähigkeiten und Fertigkeiten auszuweiten. Nutzen Sie die Chance. Ihre Einstellungen sind die Baumeister Ihres Schicksals. Wenn Sie Ihre Einstellungen ändern, werden Sie Ihr Leben verändern.

Wir wünschen Ihnen, daß Sie die Ausdauer und Energie aufbringen, Ihr Leben zum Besseren zu wenden.

Dr. Doris Wolf
Dr. Rolf Merkle

Liste der empfehlenswerten Therapeuten

Wenn kein Therapeut in Ihrer Nähe aufgeführt ist, dann wenden Sie sich bitte an die Autoren. Diese werden versuchen, Ihnen weiterzuhelfen.

Dipl.-Psych.
Bettina Blume-Kusuma
Spessartring 11
6100 Darmstadt

Dipl.-Psych.
Carola Crone
Fröbelstr. 2
4006 Erkrath

Dipl.-Psych.
Elke Borchardt
Peter Martz
Hermann-Löns Weg 2
7024 Filderstadt 3

Dipl.-Päd.
Gisbert Redecker
Neugasse 1a
6270 Idstein 4

Dipl.-Psych.
Dr. Heinz G. Rupp
Liebfrauenstr. 12
4150 Krefeld

Dipl.-Psych.
Dieter Schwartz
Sanderglacisstr. 1
8700 Würzburg

Dipl.-Psych.
Cornelia Harthan
Moltkestr. 7
7302 Ostfildern-Nellingen

Dipl.-Psych.
Reiner Ulsmann
Langobardenstr. 2
5600 Wuppertal 2

Dipl.-Psych.
Günther Renkl
Barfußstr. 13
1000 Berlin 65

Dipl.-Psych.
Manfred Burkart
Kelkheimer Str. 58
6232 Baden Soden

Dipl.-Psych.
Dr. Rolf Merkle
Dr. Doris Wolf
Am Ob. Luisenpark 33
6800 Mannheim

Dipl.-Psych.
Dr. Ulrich Klages
Erfurterstr. 12
6500 Mainz

Dipl.-Psych.
Christel Prümm
Viktoriastr. 85
6100 Darmstadt

Dipl.-Psych.
Konrad P. Becker
Sudermannstr. 10
5000 Köln

Dipl.-Psych.
Christof T. Eschenröder
Treseburgerstr. 15
2800 Bremen

Dipl.-Psych.
Kurt A. Richter
Allee 9
4930 Detmold

Dipl.-Psych.
Horst Zimmermann
Deutsch Ritter Allee 44
4048 Grevenbroich

Dipl.-Psych.
Johannes P. Austermeier
Christofstr. 4
7012 Fellbach

Dipl.-Psych.
Achim Werwie
An d. alten Synagoge 6-8
6200 Wiesbaden

Dipl.-Psych.
Dr. Elmar Hewer
Sachsenstr. 4
3500 Kassel

Dipl.-Psych.
Hans-U. Dombrowski
Am Nordbahnhof 20
4780 Lippstadt

Dipl.-Psych.
Rudolf Klimitsch
Lerchenstr. 7
7410 Reutlingen

Dipl.-Psych.
Ingeborg Fleischmann
Königsteiner Str. 18c
6242 Kronberg

Dipl.-Psych.
Gerd Timmermann
An der Treckfahrt 9
2960 Aurich

Dipl.-Psych.
Elisabeth Pracht-Müller-E.
Am Alten Stadtpark 63
4630 Bochum

Dipl.-Psych.
Gerd Eifflaender
Psychosomat. Klinik
6933 Mudau

Dipl.-Psych.
Insa Holzapfel-Glanzmann
Kaiser-Friedrich Ring 39
6200 Wiesbaden

Dipl.-Psych.
Thomas Kuhlmann
Burgweg 1
5330 Königswinter-Oberpleis

Dipl.-Psych.
Eva Münz-van Quekelberghe
Frankenweg 3
6740 Landau 14

Institut f. angewandte Psychologie u. Psychotherapie IAPP
Hofkamp 86
5600 Wuppertal 1

Ratgeber aus der Feder erfahrener Therapeuten

Dr. Doris Wolf
Ängste verstehen und überwinden
ISBN 3-923614-32-2
Auflage: 30.000

Dr. Rolf Merkle
Wenn das Leben zur Last wird
ISBN 3-923614-47-0
Auflage: 20.000

Dr. Doris Wolf
Wenn der Partner geht
ISBN 3-923614-74-8
Auflage: 35.000

Dr. Rolf Merkle
So gewinnen Sie mehr Selbstvertrauen
ISBN 3-923614-34-9
Auflage: 25.000

Dr. Doris Wolf
Übergewicht und seine seelischen Ursachen
ISBN 3-923614-09-8
Auflage: 35.000

Dr. Nicolas Hoffmann
Wenn Zwänge das Leben einengen
ISBN 3-923614-37-3
Auflage: 15.000

Unseren ausführlichen Prospekt
erhalten Sie kostenlos bei:
PAL Verlagsgesellschaft, Am Ob. Luisenpark 33
6800 Mannheim, Tel.: 0621-415741